Llyfrgell Y Trallwng
Welshpool Library

D0774810

Gwŷn

WITHDRAWN
Powys
37218 00558283 3

Argraffiad cyntaf 2015

Dyluniad y clawr a'r gyfrol: Elgan Griffiths

ISBN: 978-1906-396-86-2 (clawr meddal)
ISBN: 978-1906-396-89-3 (clawr caled)

Cyhoeddwyd gyda chymorth ariannol Cyngor Llyfrau Cymru.

Cyhoeddwyd gan Gyhoeddiadau Barddas.
Argraffwyd gan Y Lolfa, Tal-y-bont.

CYFRES LLENORION CYMRU

GWYN THOMAS

Cyhoeddiadau Barddas

RHAGAIR

Pan ofynnodd Elena Gruffudd, Golygydd Cyhoeddiadau Barddas imi a fyddwn i'n fodlon bod yn rhan o'r gyfres dra anrhydeddus hon, f'ymateb oedd fy mod i wedi sgrifennu hynny o hunangofiant yr oeddwn i am ei wneud, sef *Bywyd Bach* (Gwasg Gwynedd, 2006), ond bod llên-gofiant yn fater gwahanol. Wrth lên-gofiant yr hyn a olygwn i oedd mynd ati i sôn am yr hyn yr ydw i wedi bod yn ei sgrifennu am y rhan fwyaf o'm hoes, gan gyfeirio ataf fi fy hun cyn lleied ag oedd raid – ac yn briodol wylaidd at hynny! 'Iawn,' meddai Elena, a dyma finnau'n mynd ati i gynhyrchu'r llyfr hwn – gyda chymorth a chyngor gan rai gyda dyrnaid o'r lluniau (y mae cydnabyddiaeth y wasg i'w chael mewn man arall). Y rhai yr ydw i am eu henwi ydi Emyr Jones, Gwyn Edwards, a Steffan ab Owain.

Rydw i'n diolch i Elena Gruffudd am gymorth y tu hwnt i unrhyw ddyletswydd.

Gwyn Thomas

These fragments I have shored against my ruins ...

T. S. Eliot: *The Waste Land*

1
BRO FY MEBYD

Un o fy wyrion, yn bedair oed, yn holi ymhle y cafodd hwn a'r llall ei eni. Ei fam ym Mangor; ei dad yn Hwlffordd; ei frawd mawr yng Nghaerdydd; fo'i hun a'i frawd bach yng Nglan Clwyd; ei nain yn y Bermo. A'i daid? Tanygrisiau: lle a enynnodd y sylw, 'Lle rhyfedd iti gael dy eni.'

Rydw i'n bechadurus o gonfensiynol Gymraeg cyn belled ag y mae bro fy mebyd yn y cwestiwn:

> 'Mae Tanygrisiau a'r Blaenau yn annwyl i mi,
> Gwlad ...'

Gwlad beth? Pechadurus o gonfensiynol eto ydi dweud mai gwlad o bobol oedd yn gymdeithas agos at ei gilydd oedd hi yn ystod fy machgendod i. Roedd yna reswm da am hynny, achos gwlad lle'r oedd llawer o'i dynion hi'n gweithio mewn creigiau, yn gweithio ynghanol mynyddoedd oedd hi, a chaledi'n dwyn pobol at ei gilydd. A gwlad oedd hi, yn fy mhlentyndod, a aeth trwy gyfnod o ryfel. Eironig, wrth gwrs, ydi'r defnydd o'r gair 'pechadurus' uchod: mater o ffaith ydi fod ein cymdeithas ni, erbyn hyn, wedi colli rhywbeth gwerthfawr iawn trwy inni i gyd fynd yn fwy crafangog a hunanol.

Lawer blwyddyn yn ôl, fe gyfansoddais i gerdd hir ar gyfer ei darlledu gan y BBC, cerdd efo'r teitl gwreiddiol iawn, 'Blaenau'.

Yn gartrefol ynghanol llechi

Fe gynhyrchwyd y gerdd hon gan Meirion Edwards efo rhai a chanddyn nhw ddoniau rhagorol yn cymryd rhan, rhai megis J. O. Roberts a Charles Williams. Roedd noson y recordio'n noson aeafol ac eiraog iawn, ac fe fethodd ambell ddarllenydd gyrraedd y stiwdio ym Mangor: bu'n rhaid gofyn i Eirwen Gwynn, a oedd yn y stiwdio honno ar berwyl arall, gymryd rhan ac fe wnaeth hynny'n raenus iawn.

Y mae'r gerdd yn dechrau gydag argraff o'r Blaenau, ond gan roi sylw i un nodwedd arbennig iawn o'r ardal, nodwedd y byddaf fi'n meddwl amdani fel un sy'n creu'r argraff gryfaf i mi o'r lle. Y mae tomennydd chwarel, tomennydd o wastraff llechi neu rwbel, yn amlwg iawn yn y fro: y mae rhai ohonyn nhw bron yn fynyddoedd eu hunain. Ar nosau gwlyb, yn enwedig yn y gaeaf, y mae'r glaw yn llacio'r rwbel hwn ac y mae darnau o lechi'n dechrau rhedeg ar y tomennydd gan wneud sŵn nad ydw i erioed wedi clywed ei debyg yn unman arall. Yn ystod y dydd roedd y fath sŵn yn beth cyffredin i'w glywed am fod y rwbel yn cael ei dywallt o wageni dros ochor y tomennydd gan y gweithwyr. Liw nos, doedd yna neb i wneud hynny, ac eto roedd y rwbel yn rhedeg gan wneud sŵn braidd yn iasol a drychiolaethus yn nhywyllwch y nos. Wrth ei glywed roedd rhywun yn meddwl am y cenedlaethau oedd wedi bod o'n blaenau ni, ac wedi mynd. Fel hwythau, roeddem ninnau ynghanol y llif o amser a elwir yn fywyd; ac yr oeddem ni yno, fel hwythau, dros dro. Ond bod y 'dros dro' hwnnw yn werthfawr. Craig sydd uwchben Tomen yr Oclis ydi 'Nyth y Gigfran':

> Mae sŵn llechi'n crafu'r nos
> Fel y daw haenfeydd y glaw o'r gorllewin
> I lacio'r tywyllwch a pheri i'r rwbel redeg
> Ar hen domen fawr chwarel yr Oclis;
> Rwbel cenedlaethau o ddwylo garw
> Yn gorwedd yn enfawr yn erbyn Nyth y Gigfran
> A'i symud yn y nos fel sŵn esgyrn y marw
> Yng nghafn gwag y distawrwydd rhwng y mynyddoedd.
> A phobol yn eu gwlâu yn swatio rhag y tywyllwch a'r niwl
> Yn clywed carreg ar garreg, rwbel amser, yn rhygnu
> rhwng y mynyddoedd.
>
> ('Blaenau', *Ysgyrion Gwaed*)

Hen domen fawr chwarel yr Oclis

Y mae tynnu 'cerrig', sef llechfaen, o greigiau yn magu caledwch, y math o galedwch a welid yn nwylo garw hen chwarelwyr, yn llwch ac yn greithiau. Fe wnaeth y gweithgarwch hwn fagu cymdeithas o bobol arbennig iawn – pobol nad ydi pawb yn or-hoff o'r sylw y maen nhw wedi ei gael. Gan mai becar oedd fy nhad, Edward Christmas Thomas, gan eraill y byddwn i'n clywed am y chwarel – gan ei frawd o, sef Arthur Cooke Thomas (gan i fy nhad gael ei eni ddeuddydd cyn y Nadolig aeth yr 'C' yn ei enw fo i ddynodi 'Christmas', yn hytrach na'r 'Cooke' oedd yn rhan o'i enw teuluol ac i'w gael yn enwau ei frodyr); gan fy ewyrth Llew Hughes, a briododd chwaer fy nhad, sef Jini; ac, yn y man, gan fy nhad-yng-nghyfraith William John Roberts. Bu farw f'ewyrth Llew ar ôl iddo gael damwain egr yn y chwarel.

Y mae'r llinell nesaf hon i'w chael mewn hen englynion Cymraeg: 'Llyg a grafai wrth glegyr' sef, yn llac, 'Llygoden yn crafu ar graig'. I mi, mewn cyd-destun gwahanol i'r gwreiddiol, y mae hi fel pe'n cyfleu un trosiad neu lun pwerus o'r cyflwr dynol. Dydi hynny ddim

Chwarelwyr wrth eu gwaith

yn syndod a minnau wedi fy magu mewn ardal lle'r oedd dynion, yn llythrennol, yn crafu ar greigiau. Pa beth yw dyn o gnawd yn erbyn egrwch hen y creigiau? Ond nid dyna'n unig y mae'r llinell a'r trosiad yn ei gyfleu i mi: y mae yna rywbeth yn wir arwrol mewn dyn, ar fyr dro yn y byd yma, yn dal ati yn erbyn caledi. I mi, y mae ymdrech y chwarelwr yn un llun o fodolaeth pob un ohonom yn y byd hwn o amser; i mi, y mae'r chwarelwr yn Arwr. Ac os oedd o yn Arwr, roedd gwragedd y chwarelwyr hefyd yn Arwresau.

Peth fel hyn oedd gweithio mewn chwarel o dan y ddaear, efo golau bach lamp ynghanol tywyllwch yr 'agorydd' neu orielau mawr yn y creigiau – gwahanol feintiau o lechi ydi Dytjesi a Chowntis:

Ar orweddiad y graig y mae'r creigiwr
Yn gosod peg i ddal ei tjeiniau,
Gan gofio fod cwlwm cam yn rhedeg
A'i fod yn cadwyno'i fywyd yn y gwyll.

Mae'n symud ar wyneb y clogwyn a chynffon hir
Y tjiaen yn cloi ei enaid yn ei ffwrch.
Mae o'n rhwym wrth galedwch,
Yn ymrafael ag egni hen elfennau,
Hen elfennau a swatiodd yn welyau yng ngrym
araf amser,
Yr hyn a blygwyd yn y dwfr a'r meini,
Gwres ac oerfel, arteithiau hir dechreuad y byd.
Ebill a chŷn a phowdwr du i falu
A naddu a hollti darnau o'r hen greu
Yn Dytjesi a Chowntis i doi ac i gadw'n ddiddos.
Mae llwch a chaledwch yn ffurfio yn y dwylo,
Ynghyd â pharch at natur y garreg, fel bod ei thrin
yn hywaith.
Mae'r dwylo yn ddwylo dioddefus.

('Blaenau', *Ysgyrion Gwaed*)

Ond doedd y wlad ddim yn baradwys hollol, bid siŵr. Ar rai nosau Sadwrn yr oedd yna rai a fyddai'n meddwi'n rheolaidd – ac yn mynd ati i waldio ei gilydd: er, y mae'n rhaid imi ddweud fod amryw o'r rheini'n ddynion gyda'r cleniaf pan oedden nhw'n sobor. Erbyn ystyried, efallai fod yna ryw elfen o'r *macho* yn hogiau yr hen ardal. Fe glywais am hogiau ifainc tua Newcastle yn mynnu mynd allan gefn drymedd gaeaf, a hithau'n rhewi, yn eu festiau, i brofi eu gwrywdod – a'u ffolineb yn reit siŵr. Doedd hogiau Stiniog ddim yn mynd i'r eithafion yna, ond yr oedd yna'n sicir barch arbennig at gryfder corfforol. A rhaid imi gyfaddef fod clywed am orchestion rhai o ddynion cryfion fy mro yn ddiddorol i mi.

Dyna ichwi stori un o'm ffrindiau am ei dad, a oedd yn heddwas o Sarjant, yn cael ei alw i Lan Ffestiniog. Roedd hi'n helynt yn y neuadd yno lle'r oedd dawns yn cael ei chynnal. Roedd tri o ryffians nodedig yr ardal wedi mynd i ryw fath o oriel yn y neuadd ac wedi dechrau 'piso am ben y dawnswyr'. Cyrhaeddodd y Rhingyll, ac fe ddechreuodd y Triawd ei herio gan honni fod ei siwt yn amddiffyn cachgïaidd iddo. Dywedodd yntau wrth y tri am fynd allan, ac i'r tu cefn i'r neuadd. Roedd fy ffrind, yn hogyn, yn digwydd bod y tu allan. Aeth ei dad ag o gydag o a'r Triawd i du cefn y neuadd, tynnodd gôt ei lifrai a dweud wrth ei fab am fynd â hi adref. Wrth gwrs, 'daeth o ddim, ac mi welodd yr hyn a ddigwyddodd wedyn. Mi welodd ei dad yn rhoi cwrban i'r tri ac yn eu setlo nhw 'mewn ffordd ymarferol', fel y gellid dweud.

Yn fy amser i roedd yr ardal yn lle Cymraeg iawn: bellach does yna ddim lle fel yna'n bod. Dim ond dyrnaid o bobol yno oedd yn ddigon athrylithgar o ddi-glem i fethu dysgu Cymraeg. Rydw i'n cyfeirio at Gymraeg llafar ar hyd y lle: cyn belled ag yr oedd iaith ac iddi statws mân-swyddogol yn y cwestiwn, Saesneg oedd honno. Ond, hyd yn oed yr adeg honno, fe geid ambell un efo llond ceg o Gymraeg da a ddywedai bethau fel, 'I be y mae Cymraeg yn da iti unwaith yr ei di trwy'r tynnal yna!' 'Y tynnal yna' oedd Y Twnnel Mawr, hir iawn, i reilffordd y London, Midland and Scottish Railway fynd trwy'r mynydd rhwng y Blaenau a Dolwyddelan. Hynny ydi, yr awgrym – anghywir – oedd fod y Byd Mawr Saesneg yn dechrau dod i fodolaeth tua Dolwyddelan. Yr oedd byw mewn lle fel y Blaenau yng nghyfnod fy mhlentyndod i, a dod i wybod am ein hanes ni fel Cymry, yn meithrin mewn amryw ohonom dipyn o amheuaeth o Saeson – fel brid ond nid, am ryw reswm, fel unigolion. A gwneud hyn, eto am ryw reswm, heb amharu ar edmygedd mawr o lenyddiaeth Saesneg.

Yn raddol, deuthum i ac eraill i sylweddoli fod Aelodau Seneddol o Saeson, at ei gilydd, ynghyd â Gwasanaeth Suful Lloegr ymhlith y mwyaf trahaus o genedlaethol (sef Lloegryddol) o bobol y byd, ac nad oedd ac nad oes ganddyn nhw unrhyw ddirnadaeth am genedlaetholdeb neb arall. Faint o'r meddylfryd Llundeinig-

Loegryddol hwn sydd wedi ei drosglwyddo i Wasanaeth Suful ein Llywodraeth ni yng Nghaerdydd sy'n gwestiwn priodol i'w ofyn – y mae'n werth nodi pan holodd yr Archifau Cenedlaethol (Prydeinig) oedd â gofal am sefydliadau diwylliannol, sbelan yn ôl, beth a ddylai gael ei arbed pe digwyddai i ryfel (niwclear o bosib) dorri allan, i weision suful yng Nghymru ateb na allen nhw ddim meddwl am unrhyw sefydliad gwerth ei arbed yn ein gwlad (*The Times*, 30 Rhagfyr 2014, t. 12)! Y mae'n ffaith beryglus, hefyd, fod pob prifddinas, gan gynnwys ein Caerdydd ni, yn ymbesgi ar draul y gweddill o'r wlad – y mae gorllewin Cymru ymhlith y mannau tlotaf un yn Ewrop gyfan.

Y mae'r Lloegryddiaeth hon yn cael ei chynnal yn selog gan y Gorfforaeth Ddarlledu 'Seisnig', a Newyddion y Teledu Annibynnol – wele enghraifft weddol ddiniwed ond nodweddiadol o'r Newyddion: os oes tîm o Loegr yn chwarae fe sonir am hynny fel pennawd, ond os oes tîm o Gymru neu'r Alban neu Ogledd Iwerddon yn chwarae yr un diwrnod y mae yna fudandod amdanyn nhw. Y mae Lloegryddiaeth hefyd yn cael ei chynnal gan bapurau newydd Llundain. Cafwyd prawf digamsyniol o Loegryddiaeth gywilyddus ac unochrog y cyfryngau poblogaidd hyn yn ystod cyfnod y bleidlais am annibyniaeth yn yr Alban. Ac yr oedd gweld David Cameron yn ei gwadnu hi fel 'Llewpart â dart yn ei din' (chwedl Dafydd ap Gwilym) am y wlad honno pan oedd yna flewyn o awgrym y byddai'r Albanwyr am ddweud 'Oes', eu bod nhw eisio annibyniaeth, gan addo hyn, llall ac arall iddyn nhw – bron hyd at addo i'r wlad Emau y Goron – am ddweud 'Nac oes' yn drist-ddigrif. Bron mor drist-ddigrif â gweld y Dalek swrth hwnnw o Brif Weinidog, Gordon Brown, yn bywiogi drwyddo a gwneud araith orau ei oes er mwyn iddo ddal i fod yn rhan o Deyrnas y Lloegr Unedig.

Rydw i wedi cadw cyswllt â'm hen ardal trwy gydol fy oes, ac wedi ei gweld hi'n newid, a mwy a mwy o Saeson yn dod yno. Dyna gyfaill imi'n digwydd clywed gwraig, o oedran arbennig, mewn un rhes o dai yn dweud un diwrnod, 'We have one of us in the last house in this street. We're a nice little community here now.' Chwedl Gerallt Lloyd Owen:

> Fesul tŷ nid fesul ton
> Y daw'r môr dros dir Meirion.

Ond, er gwaethaf hyn, y mae yna rywbeth cyndyn o Gymraeg yn y Blaenau o hyd, diolch byth, ac y mae yno griw o Gymry ifainc bywiog a blaengar sydd yn mynd ati i weddnewid y fro er gwell. A diolch byth, hefyd, fod yna Saeson sydd yn dysgu Cymraeg, a mwy fyth o'u plant nhw'n gwneud hynny.

Rydw i am oedi tipyn, a sôn am olwg y Blaenau. Y mae yna fannau yn y lle sydd wedi treiddio i gyfansoddiad dyn. Y mae fy nghofion cynharaf i yn gofion am Danygrisiau. Fel sy'n wir am blant mewn llawer lle arall yng Nghymru, yn hogyn, yr oedd gen i fwy o fodrabedd ac ewythrod nag oedd yn perthyn imi trwy waed. Rydw i'n cofio Anti Kate oedd yn byw yn Tŷ Newydd, yr ochor draw i'r Dolydd. Tŷ fferm ynghanol

William John Roberts, fy nhad-yng-nghyfraith, uwchben y fan lle y bu Tŷ Newydd

caeau oedd Tŷ Newydd, ond dydi o ddim yn bod bellach. Yn y lle yr oedd o y mae llyn. Cyn bod y llyn, yr oedd y lle'n fawnog efo afon araf yn llifo drwyddi. Gyda llaw, fe wêl y cyfarwydd fod yna gynganeddion yn y darn isod: cynganeddion a lled-gynganeddion a ddigwyddodd yn naturiol ac nid o fwriad ydi'r rhain; y mae cynganeddion eraill yn fy stwff i sydd yn fwy bwriadol, ac yn rhai sydd, weithiau, yn ymestyn dros fwy nag un llinell:

Rhwng y Foel a godre'r Moelwyn
Yn Nhanygrisiau yr oedd cors farfog, mawnog
a merddwr.
Ym mhant yr hesg a'r brwyn
Suai'r gwynt ei unigrwydd
A chwryglai'r gylfinir ar yr awel
Gan hongian ei chri yn eglur arni,
Yn berlog, hiraethog a gwag.

('Blaenau', *Ysgyrion Gwaed*)

At y lle hwn y byddaf fi'n troi wrth feddwl o ba ddefnydd y'm gwnaed, at 'fy lle', fel petai. Yn y gerdd nesaf, at 'gywion gwyddau' goiawn, nid y blagur ar goed helyg y cyfeirir. Fe ddarllenais i ryw dro am ddyn o'r enw Konrad Lorenz yn gofalu am ddeor cywion gwyddau, ac am mai fo oedd y peth cyntaf yr oedd y cywion yn ei weld, roedden nhw'n meddwl mai fo oedd eu 'Mam', ac roedden nhw'n ei ddilyn o i bobman. Y mae'r ansoddair 'Cymraeg' yn hytrach na 'Cymreig' yn y gerdd i bwrpas, ac yn nodi mai man lle'r oedd yr iaith yn hanfod ohono oedd o.

Fel, yn annileadwy, y nodir
Delw y cyntaf un a welir
Ar fodolaeth cywion gwyddau,
Felly y mae'r llethrau hyn

Sy'n esgyn fry, i fyny
Wedi'u marcio ynof finnau.

Yma, yn y mawnogydd, y mae fy lle,
Yn y mannau llaith, y corsydd
Rhwng esgeiriau hir y creigiau
Ymysg y meini llwydion yma sydd
Fel llygadau'r cynfyd.

Yma, yn y gwair gwydyn, y mae fy lle,
Yn nhrybestod llechi gleision
A ddarniwyd, yn ddethau, â ffrwydron
A'u tynnu i fyny o berfeddion y ddaear hen.

Yma y mae fy lle, yng ngarwedd yr ucheldir
Lle mae'r gigfran a'r gylfinir,
A'r defaid – eneidiau cyfeiliorn i gyd;
Pethau hen, Cymraeg, elfennig,
Pethau sydd – a hynny yn ddiddarfod –
Hyd lefelau dyfnaf fy mod.

('Yma y Mae fy Lle', *Apocalups Yfory*)

Y mae Cwmorthin yn gwm uwchben Tanygrisiau. Yno y mae yna lyn, olion chwareli, rhes o dai lle bu unwaith chwarelwyr, capel sydd bellach yn adfeilion – rydw i wedi gweld yr adeilad hwn yn graddol ddymchwel dros y blynyddoedd – a fferm, Conglog, yn un pen i'r lle. Yno y mae yna lwybr sy'n mynd i fyny am y Rhosydd, ac yna drosodd i Groesor. Ac ar ochor y llwybr hwn y mae yna ffens o 'grawiau', sef rwbel llechi sylweddol eu maint. Rydw i'n cael ar ddeall ei fod o bellach yn hoff le gan ffotograffwyr.

Dyma un o fy hoff lefydd, ac un o hoff lefydd llawer iawn sydd yn byw, ac wedi byw yn yr ardal – gan gynnwys Meredydd Evans. Dyma fel y ceisiais i sôn am y lle hwn un tro:

BRO FY MEBYD

Yma mae'r creigiau'n cyfarfod,
Yma mae'r creigiau fel cyfrinach
Yn closio at ei gilydd, yn sefyll ysgwydd wrth ysgwydd;
Yma mae cwpan unigrwydd.

Mae'r cwm yn gorwedd mewn hen fynydd
Ac mae llyn rhwng y creithiau cerrig
A hen domennydd llechi wedi powlio iddo
Pan oedd yr amseroedd yn llewyrchus.
Mae pawb wedi mynd rŵan
Gan adael olion cyfannedd ar ôl –
Olwynion haearn a'u dannedd rhydlyd, ar eu cefnau
Fel hen gegau erchyll, hen eneuau morfilaidd;
Hen adfeilion dilygad, megis penglogau gwag
Yma ac acw, a hen gapel yn mynd â'i ben iddo.
Mae'r mynydd maith a'i dawelwch hir yn eu cymryd yn ôl.
Mae popeth yn dychwelyd at y difaterwch carreg,
I afael y gwair a'r hesg, i dduwch y dwfr,
Dan y ffurfafen lom.

Mae henaint y graig, affwysedd dyddiau,
Oedran yr elfennau ansymudol, y garreg a'i gwythiennau
Yn agor rhyw ddirfawr wag.
Yma y mae gweled i agen y blynyddoedd,
Yma y mae gweled llonyddwch amser.

Gwacter, gwacter, gwacter.
Yng ngwacter y fan, yng ngwacter yr amserau
Dan yr awyr ddirfawr
Y mae llyn yng nghwpan unigrwydd.

('Cwmorthin', *Y Weledigaeth Haearn*)

Cwmorthin

Diwrnod heulog yng Nghwmorthin

Fe bechodd rhyw Affricanwr dro byd yn ôl trwy ddweud mai 'cenedl' oedd ei bobol o, nid 'llwyth' fel y 'Cymry'. Ganrifoedd yn ôl, nifer o lwythau oedd ein cyndadau ni – a llwythau oedd nifer o hen gyndadau amryw o genhedloedd eraill hefyd, o ran hynny. Efallai, hyd yn weddol ddiweddar, fod rhai ohonom wedi cadw rhywfaint o'n nodweddion 'llwythol'. Golyga hyn fod pobol mewn ardal fel y Blaenau yn 'nabod ei gilydd yn neilltuol o dda, a'u bod nhw – petai rhai o'r tu allan yn sarhau rhai ohonynt – yn barod i sefyll dros ei gilydd. Er, rhaid dweud hefyd nad oedd hyn yn golygu na allen nhw fod yn eithaf beirniadol o'i gilydd ar brydiau, a hyd yn oed yn ffraegar: ond peth arall ydi hynny. Fe allai crefydd, neu wleidyddiaeth, neu faterion personol beri gwrthdrawiadau, ond heb amharu – yn sylfaenol – ar y cyd-dynnu cyffredinol.

Erbyn heddiw y mae capeli (yr hyn a alwodd T. Rowland Hughes yn garuaidd yn 'flychau') trwy Gymru benbaladr yn cau, yn cael eu troi'n garejis neu ffatrïoedd neu dai, neu'n cael eu gadael i ddadfeilio'n racs. Yn ystod fy machgendod i yr oeddem ni, at ei gilydd, yn selog, onid yn arteithiol, o grefyddol. Fe'm sicrheid i fod hyn yn cael effaith lesol trwy drwch y gymdeithas. Un o straeon fy nghefnder Arthur, a ddaeth wedyn yn Barchedig Arthur Evans-Williams, oedd fod yna hogiau go reglyd yn y fro a bod rhywun wedi sôn amdanyn nhw yng nghaban y chwarel, sef yr adeilad lle'r oedd y chwarelwyr yn cael eu bwyd, a bod blaenor oedrannus yno wedi dweud nad oedden nhw ddim yn rhegwyr, a'i fod o wedi bod yn gweithio efo rhai ohonyn nhw a 'chlywodd o mohonyn nhw'n rhegi o gwbwl. Hynny ydi, roedd gan y llafnau ormod o barch ato fo i regi yn ei glyw o. Dyna un enghraifft o ddylanwad y capel. O edrych yn ôl, rhaid i mi ddweud fod safonau ymddygiad y capel yn treiddio y tu allan i furiau'r addoldai – hyd nes i'r dylanwad raddol leihau, er nad peidio â bod yn llwyr, hyd yn hyn.

2

YR AELWYD

Roedd ein haelwyd ni'n aelwyd grefyddol, heb fod mewn unrhyw fodd yn sych-dduwiol. Tan oeddwn i'n naw oed roeddem ni'n bedwar, Mam (Eluned), Dad (Ted), gŵr tawel ei ffordd, anymwthgar a chefnogwr brwd a chadarn i mi bob cam o'r ffordd, Taid (John Jones y Gof, sef tad fy mam), a minnau. Fel unig blentyn, fy mam oedd goleuni fy llygaid i, wrth reswm. Roedd hi'n ddarllenwraig selog iawn, gan ddarllen pentyrrau o lyfrau Cymraeg a Saesneg, ac yn un oedd yn cymryd ei chrefydd o ddifrif.

Yn ddiweddar, wrth snwfflan trwy hen bethau yn y tŷ yma mi drewais i ar lyfr nad oeddwn i wedi ei weld o'r blaen. Llyfr ysgrifennu oedd o, un glas, ac ynddo fo roedd nodiadau fy mam ar gyrsiau mewn rhyw ysgol nos neu'i gilydd. Fe sylweddolais o'r newydd mor wirioneddol ddeallus oedd hi. Athrawes plant bach oedd hi cyn priodi. O ran addysg neb yn y byd, y peth gorau un ydi cael mam sy'n athrawes plant bach. Pam? Am fod fy mam o athrawes wedi fy nysgu i ddarllen ers pan oeddwn i'n ddim o beth, cyn imi fynd i'r ysgol, ac felly doedd yna ddim her i mi yn y llyfrau a roddid imi i'w darllen yn y fan honno pan ddechreuais i fynd yno.

Roedd fy nhaid, tad fy mam, yn ŵr urddasol o ran ei ymddangosiad a'i gymeriad, yn ysgrythurwr heb ei ail, ac yn ddarllenwr mawr. Rydw i wedi sôn, mewn man arall, fel y byddai o'n rhyw fyfyrio ag ef ei hun, yn ei gadair freichiau bren, solat (cadair na fyddwn i'n gadael i neb arall

Nain a Taid o du fy mam: Elizabeth (m. 1928) a John Jones (m. 1945)

feiddio eistedd arni hi, a chadair sydd heddiw yn fy meddiant i) am yr hyn yr oedd newydd ei ddarllen, gan ddefnyddio ei law i bwysleisio ambell beth yn ei fyfyrdod. Roedd ganddo fo Feibl mawr, 'teuluaidd' fel y dywedid, ac ynddo enwau ei deulu, dyddiadau y genedigaethau a'r bedyddiadau a'r priodasau ac, ysywaeth, ambell i farwolaeth. Y mae'r 'Goflen Deuluaidd' yn cofnodi iddo fo'i hun gael ei eni ar 'Mai 3, 1858', ond bod fy mam wedi cywiro hyn yn ddiweddarach i 'Ebrill 29, 1856'. Fe'i ganed, yn ôl ei gofnod o'i hun, yn 'Blaenlliw uwchaf, Llanuwchllyn', lle sydd bellach yn adeilad at gadw offer fferm. Fe fuaswn i'n dweud fod y lle tua hanner y ffordd sy'n croesi'r mynydd o Lanaber, ger Trawsfynydd, i Lanuwchllyn. Mae'r goflen yn y Beibl yn cofnodi iddo briodi ar 1 Medi 1889, â 'Miss Elizabeth Jones, Bryn Eglwys, Trawsfynydd' yn nghapel Gilgal, Maentwrog. Mewn man arall cofnodir fod fy nain wedi ei geni ar 'Ebrill 9fed, 1862, yn Garnedd lwyd, Trawsfynydd'.

Priodas 'Nhad a Mam: y tu allan i Gapel Carmel, Tanygrisiau, 1934.
O'r chwith i'r dde: Yncl Arthur, Mair Davies, 'Nhad, Mam, Anti Sali a William Emrys.

Yr oeddwn i'n cael fy magu ar yr un aelwyd ag un oedd wedi ei eni ynghanol y bedwaredd ganrif ar bymtheg. Bu fy nhaid farw ar 20 Rhagfyr 1945 ac fe'i claddwyd ar y diwrnod cyn y Nadolig ym mynwent Pen-y-cefn, Trawsfynydd. Roeddwn i yn naw oed yr adeg honno. Meddyliwch yr hyn y gallwn i fod wedi ei holi amdano, ac na wnes i ddim! Mae'n siŵr ei fod o'n 'nabod Hedd Wyn, ond 'ofynnais i ddim amdano fo o gwbwl. (Dywedodd fy nhad-yng-nghyfraith wrthyf iddo fo, pan oedd o'n hogyn bach, weld Hedd Wyn yng ngorsaf Llan Ffestiniog: y cof amdano oedd ei fod o'n gwisgo crafat – nid crafát – coch.) Y drwg oedd na fyddai fy nhaid byth yn sôn amdano'i hun, ac ambell i beth a ddywedodd o, ar siawns, yr ydw i'n eu cofio, neu eu hanner cofio. O niwl y gorffennol mae gen i ryw gof iddo sôn am un o'i frodyr yn cael ei ladd mewn eira mawr. Ai gan drên? Dydw i ddim yn cofio.

Fi yn fabi yn Nhanygrisiau

Mi ddywedodd un o'm perthnasau, o ochor fy nhaid, wrthyf fod yna un o'r teulu, Wil Llywelyn, wedi ei ladd efo'r un gwn ag y cafodd Hedd Wyn ei ladd gydag o – stori annhebygol. Ond 'ddywedodd fy nhaid ddim byd am hynny. Fe fyddai'n dweud storïau o'r Beibl wrthyf, ac ambell stori o hanes Cymru. Un stori nad ydi hi yn y ddau ddosbarth yna yr ydw i'n sicir iddo ei dweud wrthyf oedd am gardotyn yn mynd ar ei hald at fferm. Wrth iddo fynd yn ei flaen yr oedd o'n naddu brigyn go solat efo cyllell. Wrth ddod i fuarth y fferm dyma gi'n ei gwneud hi amdano, gan sefyll a hanner crymu o'i flaen gan ei fygwth. Daliodd y cardotyn i naddu pig y pren. Pan ddaeth y ffermwr allan fe ddywedodd y cardotyn wrtho fo am gadw trefn ar ei gi. 'Wnaeth o ddim ac, yn y man, dyma'r ci yn cythru am y cardotyn ac yn cael y gangen bigfain drwyddo. Diwedd y stori. Yr un stori arall y mae gen i gof amdani oedd stori go egr am ddyn yn cyfarfod ag arth.

Hen Feibl teuluol fy nhaid

Mi soniais fod yna farwolaethau rhai o blant fy nhaid yn cael eu cofnodi yn y Beibl. Un oedd mab o'r enw David Richard, a anwyd ar 28 Ionawr 1894. Cofnodir ei farwolaeth fel hyn: 'Bu farw, Ein Hanwyl David Richard Maw. 31, 1909. ac a gladdwyd Ebrill 3. yn Trawsfynydd'. Dywedai fy mam wrthyf fod David Richard yn hogyn disglair iawn, ac iddo farw o lid yr ymennydd.

Roedd fy nwy nain wedi marw cyn i mi gael fy ngeni. Mae gen i, a anwyd ar 2 Medi 1936, gof plentyn bach iawn am fy nhaid o du fy nhad, Owen Cooke Thomas, a fu farw ym mis Mawrth 1938. Yr oedd o, ar y pryd, yn byw gyda fy Anti Jini a'r teulu yn Oakeley Square, ar gyrion tref y Blaenau. Cof amdano mewn cadair olwyn sydd gen i, a fawr mwy na hynny. Yr oedd y taid hwn yn frawd i Mary, nain Bruce Griffiths, y

Fy nhaid o du fy nhad, Owen Cooke Thomas (m.1938)

'geiriadurwr' fel y dywedir bellach. Yr oedd Bruce yn fy sicrhau erioed fod ei nain arall wedi dweud wrtho mai rhai o dras Gwyddelig oedd y teulu hwn, sef y 'Cookes' – a ffurf ar y Gwyddeleg 'Cuig' ydi 'Cooke' – ond fe ddaeth fy ngwraig, sydd wrthi'n llunio achres y teulu, o hyd i'r ffaith mai rhai o Scarborough oedden nhw. Mae cael hynafiaid oedd yn Wyddelod yn un peth, a chael hynafiaid oedd yn Saeson yn rhywbeth arall *altogether*, fel yr oedd pobol yn dweud.

Rywsut, fe gefais i afael ar Feibl trwm fy nhaid John Jones pan oeddwn i tua saith neu wyth oed, a dyma fi'n dechrau ei ddarllen o, hyn a hyn ohono bob nos yn fy ngwely. Rydw i wedi dal ati i ddarllen y Beibl, er nad hen Feibl trwm fy nhaid, ar hyd fy oes: dyna pa mor rhinweddol ydw i! A chyn belled ag y mae unrhyw ysgrifennu yr ydw i

'Nhad a minnau ym Mae Colwyn

wedi ei wneud, dyma, o bosib, un o'r dylanwadau pwysicaf un arnaf fi – yn ddiweddarach y daeth llenyddiaeth Gymraeg, a llenyddiaethau eraill i ddylanwadu arnaf. Cyn bwysiced â'r Beibl oedd clywed pobol fy mro, â gafael gadarn ar eu hiaith, yn siarad Cymraeg. Dylanwad arall, annisgwyl efallai, oedd gweld ffilmiau. Yn nes ymlaen, o pan oeddwn i tuag ugain oed hyd at rŵan, mi ddechreuais brynu recordiadau o feirdd Saesneg a Chymraeg yn bennaf, ond rhai o genhedloedd eraill hefyd, yn darllen eu gwaith eu hunain. Bu hynny'n 'agoriad clust' i mi. Y recordiau cyntaf a brynais oedd rhai mawr, cyflymdra 78, o T. S. Eliot yn darllen ei *Four Quartets*.

Er fy mod i wedi bod â rhyw ran fechan yng ngolygiad yr ail fersiwn o'r 'Cyfieithiad Newydd' o'r Beibl a'm bod i, wrth reswm, wedi ei ddarllen drwodd, anaml y byddaf yn darllen hwnnw, ar fy mhen fy hun nac ar goedd. Y mae geiriau'r Hen Gyfieithiad, geiriau a fwriadwyd i'w *llefaru*, a geiriau a ddewiswyd gan wŷr o wir athrylith a oedd yn gyfarwydd nid yn unig â thraddodiad ein beirdd ond hefyd â'r ddisgyblaeth oedd yn rhan o'u hyfforddiant nhw mewn Rhethreg, wedi mynd i fêr fy esgyrn i. Dydi hynny ddim yn rhyfedd, gan fy mod wedi ei ddarllen o'n selog, fel y dywedais, ac wedi gorfod dysgu talpiau ohono yn yr Ysgol Sul. Un o'r pethau pwysig, pwysig sydd yna yn y cyfieithiad hwnnw ydi'r eirfa sydd ynddo, a rhythm y rhyddiaith, rhythm sydd yn rhoi haen arbennig o deimlad ac ystyr i'r hyn a ddywedir. Yn y rhythm hwn y mae fy nirnadaeth a'm clywedigaeth i o rythm wedi eu meithrin. Dylwn ychwanegu hefyd fy mod i, fel eraill o'm cenhedlaeth, yn dra chyfarwydd ag emynau fyrdd, a bod llawer ohonyn hwythau hefyd ar fy nghof.

Y mae amryw adleisiau o'r 'hen' gyfieithiad o'r Beibl yn fy stwff i, ac y mae rhywfaint o'r eironi sydd yn rhai o'm cerddi'n dibynnu ar adleisiau o'r fath: bellach y mae hyn'na i gyd wedi mynd 'i lawr y Swani', fel y dywedir, am nad oes braidd neb yn darllen yr hen gyfieithiad. Fel enghraifft, nodaf ychydig eiriau o waith, anghyhoeddedig, gen i ar gyfer ei berfformio, sef 'Cwmwl o Dystion' – comisiwn gan yr Annibynwyr oedd y gwaith hwn. Ynddo fo, fel mewn gweithiau eraill gen i, y mae yna le go bwysig i hysbysebion. Mewn un man yr ydw i'n ceisio awgrymu'r gwahaniaeth rhwng gwerthoedd gwacsaw, a chyfan gwbwl faterol, ar y naill law, a gwerthoedd mwy ysbrydol ar y llall. Fel hyn y mae'r peth i fod i weithio: y mae geiriau cyntaf y dyfyniad i fod i ddwyn ar gof y modd y mae Duw'n cyfarch proffwydi yn yr Hen Destament. Pan glywir y geiriau Beiblaidd hyn, y gobaith ydi fod yna ymwybod fod yna rywbeth pwysig iawn ar fin cael ei lefaru. Ond yn yr enghraifft hon, nid dyna sy'n digwydd, geiriau ein diwylliant materol a glywir. Hynny ydi, yr ydym ni wedi colli rhyw fath o ymwybyddiaeth o ddwyfoldeb:

> Y llef a ddywedodd, 'Gwaedda.'
> Yntau a ddywedodd, 'Beth a waeddaf?'
>
> 'COCA-COLA! COCA-COLA! COCA-COLA!'

O ran y cyfoeth mawr sydd yna yn yr hen gyfieithiad, meddyliwch am ymchwydd llefaru fel hyn:

> Yn y dechreuad y creodd Duw y nefoedd a'r ddaear.
> A'r ddaear oedd afluniaidd a gwag, a thywyllwch oedd ar wyneb y dyfnder, ac ysbryd Duw yn ymsymud ar wyneb y dyfroedd. (1 Genesis)
>
> Fel y brefa yr hydd am yr afonydd dyfroedd, felly yr hiraetha fy enaid amdanat ti, O Dduw. (Salm 42)
>
> Wele yr Arglwydd yn gwneuthur y ddaear yn wag, ac yn ei difwyno hi; canys efe a ddadymchwel ei hwyneb hi, ac a wasgar ei thrigolion ...

> Y ddaear hefyd a halogwyd dan ei phreswylwyr: canys troseddasant y cyfreithiau, newidiasant y deddfau, diddymasant y cyfamod tragwyddol ... Galarodd y gwin, llesgaodd y winwydden, y rhai llawen galon oll a riddfanasant. (24 Eseia: pennod sy'n rhybudd arbennig iawn i ni sydd yn prysur halogi'r byd.)

> Ac yr oedd yn y wlad honno fugeiliaid yn aros yn y maes, ac yn gwylied eu praidd liw nos. (2 Luc)

> A'r dydd cyntaf o'r wythnos, ar y cynddydd, hwy a ddaethant at y bedd ... A hwy a gawsant y maen wedi ei dreiglo ymaith oddi wrth y bedd. (24 Luc)

Y mae'n anodd ymatal rhag mynd ati ymlaen ac ymlaen i ddyfynnu. Yn wyneb geiriau fel hyn, a'r ystyriaethau ysgytwol sydd ynddyn nhw, yr ydym ni'n dod wyneb yn wyneb â grymusterau pwerus. Gwir fod yn ein Beibl ni lawer o rwdlan a degymu mintys, ac y mae'n wir fod y datguddiad ynddo yn un sy'n rhoi inni amcan am Dduw sy'n datblygu ac yn newid, ond yr un peth y mae'n ei wneud, yn anad dim efallai, ydi rhoi inni rywbeth na allaf fi mo'i ddisgrifio'n well na 'dirnadaeth o dragwyddoldeb'.

Y mae yn y Beibl, hefyd, brofiadau sylfaenol iawn, sydd yn mynd y tu hwnt i ffeithiau llythrennol; dyna inni'r amgyffred dirfawr hwnnw o ddiniweidrwydd a cholli diniweidrwydd sydd yna yn Genesis, er enghraifft. Trwy gyffelybiaethau, trwy drosiadau, yn aml (ond nid bob amser), y mae crefydd yn llefaru am ddirgelion a rhyfeddod Duw – dyma honiad y byddai R. S. Thomas yn dal ato'n gyson.

'Dirnadaeth o dragwyddoldeb': y mae yna ddigwyddiadau eraill yn fy hanes i sydd wedi cyfrannu at hyn, y mae'n siŵr gen i. Rydw i wedi sôn, mewn man arall, am brofiad cynnar o farwolaeth, pan oeddwn i'n chwech oed. Bu farw ffrind imi yn bedair oed, ffrind oedd yn byw'n agos atom ni yn Wynne's Road, ar ôl inni symud i'r Blaenau, sef Cecil Davies.

Roeddwn i yn nosbarth uchaf Ysgol Gynradd (Bebis) Maenofferen pan fu farw Cecil, a chan fy mod i'n ei 'nabod o dyma'r Brifathrawes yn fy anfon i, efo'r blodau yr oeddem ni, fel disgyblion, wedi cyfrannu i'w prynu, i dŷ Cecil. Mi aeth mam Cecil â fi i'w weld o, yn gorffyn bach mewn dillad crand. Mi seriodd yr olygfa honno ei hun yn fy meddwl a'm cof i; a daeth rhyw brofiad – nid gwybodaeth, fel yr wybodaeth oedd yn dod i rywun wrth weld cynhebrwng, ond profiad sicir, os annelwig – imi nad oedd neb yn para am byth, ac nad hen bobol yn unig oedd yn marw. Dros dro yr ydym ni yma, pobol yn pasio heibio ydym ni, ac ym mywydau pawb ohonom ni y mae yna, yn nau air syfrdanol Waldo Williams, 'gydymaith tywyll'. Aeth yr ymdeimlad hwn yn waeth o gryn dipyn i mi ar ôl marwolaeth ddisyfyd fy mam pan oeddwn i'n ddwy ar bymtheg oed, ond dydw i ddim yn awyddus i sôn am hynny am ei fod

Fi efo Mam a 'Nhad, Awst 1946

o i mi, hyd yn oed yn fy henaint, yn dal yn boenus – nid fy mod i wedi mynd i dreulio fy mywyd â 'mhen yn fy mhlu ychwaith.

Sut y mae digwyddiadau fel marw Cecil bach yn codi o'r dyfnder i f'ymwybod i yn ddyn yn ei fan, wn i ddim; ond un tro, ar wyliau dramor, rhwng cwsg ac effro, mi ddaeth y llun o Cecil yn ôl imi:

Daw i mi, fel i bawb, ambell dro
Ryw gof yn gryf,
Mor gryf drwy fy mlynyddoedd
Nes difodi fy amseroedd.

Try sbarc rhyw hen orffennol
Yn ffrwd gref, gref lifeiriol,
A llifo i 'mhresennol.
Megis, o'm bro ymhell,
Mewn gwlad ddigyswllt, arall
Ar ryw wawr, ar ryw ddeffro
Y daeth o, Cecil, o'i farw'n
Annhymig bedair bach
Yn ôl i mi'n oleuni.

Holl eneidiau disberod y byd,
Yr holl fywydau a gollwyd –
Fe all fod y rhain i gyd
Yn disgwyl i'n tywyllwch ni dorri
I amgyffred eu goleuni.

('Cecil', *Darllen y Meini*)

Rydw i wedi crybwyll mor bwysig oedd clywed pobol â gafael ryfeddol ar eu hiaith yn siarad Cymraeg. Dyma ragorfraint rhywun fel fi a fagwyd yn y Blaenau. Y mae siarad pobol y mae ganddyn nhw gyneddfau ieithyddol naturiol, wedi eu meithrin trwy brofiadau eu bywydau, yn beth amheuthun, ac yn mynd yn fwy amheuthun bob dydd. Meddyliwch am y cyfoeth sydd yna mewn disgrifiadau manwl, gwahaniaethol fel hyn o boenau corfforol, er enghraifft: cur pen; pigyn yn y glust; dolur gwddw; poen yn y bol; gwayw yn y cefn; gwewyr esgor. Meddyliwch, wedyn, am wahaniaethau'n datblygu: dyna inni'r gair 'tafod' am yr hyn sydd yn ein cegau ni – rydym ni'n cael 'pryd o dafod' wrth i rywun 'ddweud y drefn' wrthym ni; ond os ydym ni am bryd o dafod, llythrennol, mynd i siop y cigydd y byddwn ni a gofyn am 'tyng' (syndod i mi oedd gweld, flynyddoedd yn ôl, Kate Roberts yn gwaredu na fyddem ni'n gofyn am 'dafod' gan y cigydd).

Rydw i wedi crybwyll hyn o'r blaen: Raymond Garlick yn dod yn athro Saesneg i Ysgol y Moelwyn ac yn dweud wrth fy hen gyfaill Geraint Wyn Jones ei fod o'n synnu at bobol y Blaenau yn galw rhai gwragedd yn 'bitj'. Gwir, fe all y math o bwyslais a roddir i'r gair liwio tipyn ar ei ystyr o, ond yn yr ardal doedd yna ddim yn eithafol ddifrïol mewn galw rhywun yn 'bitj'. Wedyn mi glywais wraig yn cyfeirio at un arall fel 'hen ast' ac mi ddeallais yn syth beth oedd yn blino Garlick. Doedd llawn rym y gair am fenyw o gi ddim yn y Saesneg 'bitj', ond yr oedd o yn y gair Cymraeg 'gast'. Y mae'n rhaid i mi gyfaddef, hefyd, fod y defnydd o ambell Gymreigiad o air Saesneg sydd wedi ei hen sefydlu ei hun yn eithaf digrif ac atyniadol i mi: dyna ichwi 'Fedrwch chi fanejio?', neu 'Dwi'n sdŷc', er enghraifft. Yr oedd yn arfer gan ein hen feirdd ni 'drychu' gair – sef gosod gair o fewn i air, a rhoi inni 'drychiad'. Un o'r enghreifftiau mwyaf cofiadwy o drychiad yr ydw i wedi ei chlywed oedd gyrrwr gyda hen gwmni bysiau'r Crosville yn disgrifio gwraig yn tynnu allan i'r brif ffordd o'i flaen o: 'Ddaru hi ddim hesi-blydi-tetio'.

Ar y ffordd i'r ysgol elfennol lawer blwyddyn yn ôl fe glywais wraig yn sôn wrth wraig arall am golli ei merch; yr hyn a ddywedodd hi oedd, 'Pethau mor wael ydym ni, yntê, yn erbyn y profedigaethau yma'. Mi lynodd hyn'na yn dynn yn fy nghof i, y mae'n rhaid, achos mewn cerdd o'r enw 'Bryn Celli Ddu' – sydd yn hen, hen gladdfa yn Sir

Fôn, mi ddaethon nhw yn ôl imi. Yn y gerdd rydw i'n sôn am angau'n dwyn pobol ymaith drwy'r oesoedd, ond bod angau'n methu dileu ein holion ni, yr olion hynny sy'n profi ein bod ni wedi byw, a dyma eiriau'r wraig i fy meddwl, ac y mae'r gerdd yn gorffen gyda rhai o'i geiriau hi:

A phethau mor wael â ninnau
Wrth rym anniben yr angau
Yn gwanu arfogaeth y bedd ag olion ein cyndadau.

('Bryn Celli Ddu', *Ysgyrion Gwaed*)

Un enghraifft o amryw ydi hyn'na.

3

I'R OCHOR DRAW

Fel hogyn wedi ei eni mewn tŷ capel, Tŷ Capel Carmel, roeddwn i'n neilltuol o grefyddol, yn fynychwr nid yn unig gyfarfodydd dydd Sul a'r Band of Hope, ond y Seiat a'r Cyfarfod Gweddi. A chyn i Cecil B. DeMille feddwl am gastio Charlton Heston fel Moses yn y ffilm *The Ten Commandments*, yr oeddwn wedi actio Moses yn fachgen mewn drama fawreddog yn Jeriwsalem, Blaenau Ffestiniog. Fel un a gasâi adrodd ar ei ben ei hun, rhaid imi gyfaddef nad oedd actio ddim mor boenus â hynny. Y rheswm am y gwahaniaeth, dybiaf fi, oedd fod hyd yn oed wisgo coban a thyrban, yr elfennau sylfaenol at fod yn un

Capel Carmel a'r Tŷ Capel

Fi ('Don Bradman') wrth 1 Benar View

'O'r Dwyrain', yn ddigon i wneud i rywun beidio â bod yn fo'i hun rywsut. Cofiaf i beth tebyg ddigwydd imi yn y coleg yn ddiweddarach wrth imi 'orfod' bod yn gyflwynydd sioe oedd yn ddetholion o ddarlleniadau 'mawreddawg' o'r bedwaredd ganrif ar bymtheg: dim ond locsyn clust toreithiog oedd gen i yn fan'no, ond yr oedd o'n ddigon imi beidio â bod yn fi fy hun.

Fe ddaru'n teulu ni fudo o Danygrisiau i'r 'Ochor Draw', fel y byddai pobol Tanygrisiau'n galw Blaenau Ffestiniog, pan oeddwn i'n dair neu bedair oed – does gen i ddim cof o'r dyddiad a does yna neb imi ofyn iddyn nhw bellach. 106 Wynne's Road oedd ein cyfeiriad newydd am tua chwe blynedd cyn inni symud i 1 Benar View – tŷ ac amgylchedd sydd wedi newid cymaint nes ei fod o bron yn lle gwahanol erbyn hyn. Aethom yn aelodau i Jeriwsalem, capel mawr yr Annibynwyr yn y Blaenau. Argraff o rym Anghydffurfiaeth sydd yna yn yr adran nesaf yma o'r gerdd 'Blaenau':

> Mawl a'th erys Di yn Seion, O Arglwydd y lluoedd,
> A mawl yn Jeriwsalem, a Bethel, a Bethania,
> Y Garreg Ddu a Horeb, Bowydd a Brynbowydd,
> Y Tabernacl, Carmel, Hyfrydfa, Calfaria, Bethesda,
> Yn yr adeiladau sgwâr, solat dan eu brig o lechi
> A chwafers ar y nenfwd y tu mewn.
> Yma y daeth dynion hyd at y môr gwyn
> A thymhestloedd mawr y Cariad a darddodd
> O Fethlehem y cenedlaethau a chymylau tragwyddoldeb.
>
> ('Blaenau', *Ysgyrion Gwaed*)

Y mae pob enw yn y darn hwn yn dynodi rhan o hen rym. Erbyn imi dyfu i fyny roedd y trai mawr wedi gafael, a'r capeli'n cau un ar ôl y llall ac yn peidio â bod yn addoldai. Dim ond mewn hen bobol, fel fi, y mae yna unrhyw gof am rymusterau yr 'hen drugareddau':

Wrth gwt glo 1 Benar View: (at i lawr) fi, Merfyn (fy ffrind) a John Elfyn (drws nesa')

Hen olygfa o leoliad Benar View – yn union yng nghanol y llun

> Bellach, y Bethelau gwag,
> A'r pregethwr yn edrych yn unig yn ei bulpud;
> A'r ffyddloniaid yn pryderu ynghylch y lleithder yn y wal
> A sut i gynnal yr adeilad
> A chadw'r cwafers ar y nenfwd ...
>
> ('Blaenau', *Ysgyrion Gwaed*)

Bellach y mae Jeriwsalem hefyd wedi cau, a chyda'i gau o does dim eisio gweledydd i sylweddoli fod yna gyfnod pwysig yn hanes Cymru wedi dod i ben.

Diau fod yna amryw resymau pam y mae'r holl gapeli wedi cau. Ein diffyg ni, fel crefyddwyr, i addasu i amgylchiadau y dyddiau diweddar ydi un rheswm, debygwn i. Gadewch inni restru rhai o'r newidiadau mawr sydd wedi digwydd yn ystod y pum can mlynedd diwethaf. Dyna ddamcaniaethau Charles Darwin a'r Cymro Alfred Wallace am Esblygiad y rhywogaethau, damcaniaethau sydd yn cael eu cywreinio bob yn hyn a hyn. 'Esblygiad,' medd rhai, 'ac wele'r geiriau sydd am y Creu yn Genesis, er enghraifft, yn troi yn chwedl wirion.' Dyna

Capel Jeriwsalem

inni'r darganfyddiadau a'r datblygiadau rhyfeddol, a'r ailddiffinio parhaus sydd yna mewn Gwyddoniaeth, yn enwedig Ffiseg. Dyna'r damcaniaethau ysgytwol am ddechreuad y bydysawd sy'n cael ei ddatgelu gan Gosmolegwyr ac Astronomyddion. Dyna'r damcaniaethau a'r darganfyddiadau sy'n deillio o ymchwiliadau Seicolegol. Dyna'r archwilio a fu i Fytholeg a Symboliaeth. A dyna'r wybodaeth newydd a ddaeth trwy Astudiaethau Hanesyddol ac Archaeolegol, a thrwy Astudiaethau Ieithyddol. Hyn, heb sôn ein bod ni'n byw mewn cyfnod lle y mae'r mwyafrif, yn ddamcaniaethol, i fod yn llythrennog, lle nad oedd ond gwŷr eglwysig, gan mwyaf, i fod yn llythrennog ar un adeg. A dyna inni hefyd, yn fwyaf nodedig o bob peth i mi, yr Holocost. Yn gysylltiedig â hyn oll y mae yna gwestiwn: faint o wellhad moesol ac ysbrydol sydd yn dod i ganlyn yr holl ddarganfyddiadau gwyddonol?

Un ffordd o wynebu oblygiadau'r newidiadau y cyfeiriwyd atyn nhw ydi inni gymryd arnom nad ydyn nhw wedi newid dim byd, a dal ati fel yr oeddem ni. Ffordd arall ydi dweud na fu yna'r un duw erioed ac, yn sicir, nad oes yna un rŵan. Ffordd arall eto ydi mynd ati i geisio gweld beth sydd yn wir hanfod ein crefydd, a beth y gellir ei hepgor ohoni hi. Does dim rhaid i bob crediniwr boeni am ystyriaethau fel hyn, siŵr iawn, ond fe ddylai rhai fod yn gwneud hynny. Wrth reswm, dydi hi ddim yn bosib i neb amgyffred dim byd ond briwsion o'r holl bethau hyn ond, yn fy marn i, y mae hi'n bosib o leiaf i rai geisio gwybod yr hanfodion pwysig, a dal i feddwl am bethau, dal i chwilio.

Yr hyn nad ydi amryw ohonom ni yn ei amgyffred, am 'wn i, ydi mai Ysbryd ydi Duw – fe ddywedodd Iesu Grist hynny'n ddigon eglur: trosiad am agweddau ar yr ysbryd hwnnw ydi cyfeirio ato fel Tad, a Goleuni, a Grym, ac yn y blaen. Yr hyn y mae'r Testament Newydd, a rhannau o'r Hen Destament yn ei gyflwyno inni ydi Duw sydd, goruwch popeth, yn gariad ac yn gyfiawnder ac yn ddaioni.

Y mae'r nodweddion hyn yn dal i fod yn y byd, trwy'r byd ar yr un pryd; a bodolaeth sydd mewn mwy nag un man ar yr un pryd ydi'r Ysbryd hwn. Nid crefydd taro bargen a gyflwynodd Iesu Grist inni a gwneud yr hyn sydd yn hanfod llawer o grefyddau cynnar, sef bod y crediniwr yn dweud ei fod am wneud hyn a'r llall gan ddisgwyl gwobr neu ffafriaeth am wneud hynny. Yr hyn a wnaeth O oedd dweud mai gorthrymder sydd yna i'w ganlynwyr yn y byd. Y mae hi fel petai Duw wedi ymddiried mewn Dyn, Dyn a gynrychiolir gan ddynoliaeth Iesu Grist, i ddangos yn y byd sut un ydi O. Ymddiried mewn llestri pridd, fel petai, ydi hyn, ymddiried mewn pobol i fod yn dystion i'w fodolaeth O. Ac o fewn i ddynion (gair sydd yn cynnwys gwragedd hefyd) y mae Duw – 'Teyrnas nefoedd, o'ch mewn chwi y mae'. A dydi'r hyn sydd o'ch mewn chwi fel hyn, peth nad ydi o'n gnawdol, ddim yn darfod gyda darfod y cnawd. Rhai sy'n dangos cariad ar waith ydi'r ffordd bwysicaf o ddangos fod yna Dduw. Yn rhyfeddol, y mae llawer iawn o bobol yn gallu dangos Duw cariad i'r byd mewn rhyw fath o ddiniweidrwydd nad ydi o'n 'ddoeth' o gwbwl yng ngolwg y byd, am eu bod nhw'n gweithredu cariad:

> Buddugoliaeth galed ydi buddugoliaeth cariad
> Am ei bod hi yn digwydd ym myd amser, mewn cread
> Nad oes ynddo fo ddim grym hollalluog, dim grym anorchfygol
> O blaid unrhyw ddaioni, nac ynddo fo ddim trugaredd gwyrthiol.
>
> Mewn llestri pridd, mewn gwragedd a dynion
> Y rhoddodd Duw cariad ei gred, gan eu galw nhw'n dystion
> I'w fodolaeth. Ac yn rhyw ddimensiwn y tu hwnt i'r daearol,
> Yn fan'no, medd ffydd, y mae unrhyw agwedd dragwyddol
> Ar fuddugoliaethau cariad yn bod. Yn y byd hwn y mae hi yn galed
> Ar gariad, ar Dduw, a does yna ddim ymwared,
> Dim ond cyndynrwydd dioddefus y tystion –
> Nad ydyn nhw yn ddim byd amgen na gwragedd a dynion.
>
> Ond rhai ydyn nhw sydd, ynghanol pob caledi,
> Yn dal yn dynn mewn un gobaith o hyd –
> Bod Mab Duw wedi dweud mai dyma'r unig ffordd
> Sydd yn bod i orchfygu ofnadwyaeth frawychus y byd,
> Y ffordd egr a dioddefus honno sydd yn eu symud
> I'r dimensiwn hwnnw lle y mae Bywyd,
> A Bywyd yn unig yn bod.
>
> ('Llestri Pridd', *Y Traethodydd*, Ionawr 2015)

4

GWYLIAU: 'TANYGRISIAU, DYMA FI'N DOD'

Yn blentyn mi fyddwn i'n mynd 'ar fy ngwyliau' o'r Blaenau i Danygrisiau – dwy filltir o daith – at ddwy fodryb imi yn eu tro. Un ohonynt oedd fy Anti Winni, a oedd yn byw ym Mrynhyfryd, hanner y ffordd i fyny'r allt o'r Dolydd am Stesion y Trên Bach. Gŵr fy modryb oedd John E. Williams (John y Foel – Y Foel oedd y fferm lle y cafodd ei fagu). Roedd o'n ganwr nodedig iawn. Er na chlywais i mohono fo'n canu, fe'm sicrhai pobol oedd wedi ei glywed o y byddai o wedi gwneud ei ffortiwn pe bai wedi cael hanner y cyfle'r oedd cantorion yn ei gael mewn oes ddiweddarach.

Roedd gan y ddau yma bedwar o hogiau, y cwbwl ohonyn nhw gryn dipyn yn hŷn na mi – roedd yr hynaf ohonyn nhw, William Emrys, bron yr un oed â fy mam. Roedd o i ffwrdd yn ystod y Rhyfel (1939–45), yn y Llu Awyr ac, fel y dywedodd wrthyf ymhen blynyddoedd, yn sicir ei feddwl ei fod wedi gwneud y peth iawn wrth fynd i ymladd yn erbyn grym anwar Hitler. Am flynyddoedd ar ôl y rhyfel bu yng Ngwasanaeth Trefedigaethol Prydain, yn gwasanaethu yn Nigeria – yr adeg honno roedd enw fel 'Lagos' yn gyfarwydd iawn i mi. Roedd ei acen Saesneg mor goeth nes y byddai parabl y frenhines yn debyg i un ciaridým o'i gymharu â hi.

Roedd o'n gymeriad a hanner ac, yn ei ffordd unigryw ei hun, yn dra diwylliedig. Gallai ddweud pethau eithriadol o graff. Rydw i'n cofio un tro fy mod i wedi cyfansoddi cerdd am Marilyn Monroe, lle'r oedd yna ddisgrifiad ohoni hi, fel yr oeddwn i wedi ei gweld hi ar eitem o newyddion, ar ei ffordd allan o ysbyty – ar ôl iddi golli plentyn yr oedd hi'n ei gario, os ydw i'n cofio'n iawn – a heidiau o newyddiadurwyr awchus o'i chwmpas hi. Yn y diwedd dyma hi'n troi ei hwyneb at y wal: 'A hithau, hi a droes ei hwyneb tua'r mur,' meddwn i. Yr hyn sydd yna yn y Beibl, meddai William wrthyf, ydi 'troi ei wyneb at y pared', ac mi gofiais am ryw hen frenin (Heseceia), y dywedodd proffwyd wrtho yn ei waeledd ei fod am farw. Beth a wnaeth o? 'Yna efe a drodd ei wyneb at y pared.' Arwydd o anobaith oedd hynny. A dangos anobaith yr oedd Monroe wrth droi ei hwyneb at y mur hefyd; 'fu hi ddim yn fyw am hir iawn wedyn.

Un tro aeth William i lawr i Bortmeirion i gyfweld Roman Polanski, y cyfarwyddwr ffilmiau, pan oedd hwnnw wrthi'n gweithio ar rannau o'i ffilm o *Macbeth* ar y Migneint. Fe ddywedodd y ffotograffydd a dynnodd lun y ddau efo'i gilydd wrthyf eu bod nhw'n sgwrsio'n gartrefol iawn. Gyda llaw, bu rhai llwyfannau crogi pren, olion o'r ffilmio ar ddiffeithleoedd y Migneint, fel olion o arswyd y ddrama, am sbelan ar ôl i'r criw hen adael yr ardal.

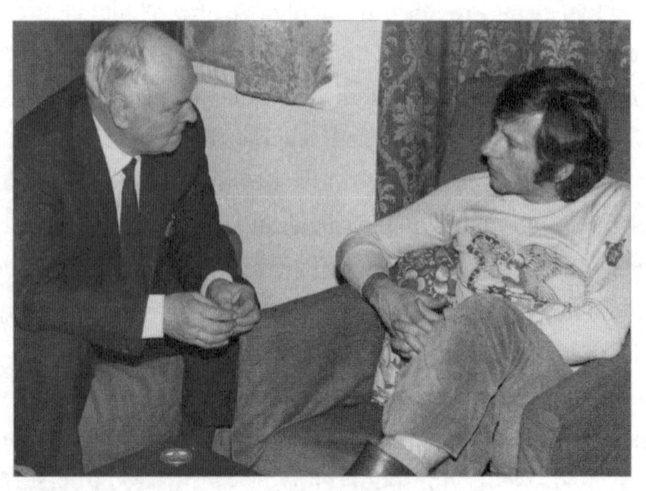

William Emrys yn sgwrsio efo Roman Polanski

Ar brydiau fe allai William wneud ati'n fwriadol i dynnu'n groes. Rydw i'n cofio bod efo fo mewn siop yn Aberteifi, a dyma'r perchennog yn dweud wrtho, yn Saesneg, eu bod yn falch iawn yn y dref o groesawu aelod o'r Teulu Brenhinol yno ymhen ychydig ddyddiau. 'We're not interested in that sort of thing,' meddai William wrtho, 'we're republicans.' Fe wn o'r gorau petai'r dyn wedi dweud wrthym ei fod o'n weriniaethwr y byddai William wedi dweud wrtho ein bod ni yn frenhinwyr selog.

Ar un cyfnod fe gymerodd yn ei ben fynd ati i gadw ieir, cyn sylweddoli fod hynny'n dipyn o gaethiwed ac yn golygu llnau eu cwt. Oherwydd hyn fe gafodd yr ieir fynd cyn pen fawr o dro. Yn y capel un dydd Sul dyma wraig na wyddai am ymadawiad yr ieir yn gofyn yn ddiniwed iddo, 'A sut y mae'r hen ieir bach?' Yr ateb a gafodd oedd, 'Be ydi'r rheini, d'wch?'

Neu fe allai chwarae triciau direidus. Roedd o a fy nghyfnither o'r de, Gwyneth, ar y trên un tro. Sylwodd William fod y dyn oedd yn eistedd gyferbyn ag o yn manwl astudio adran ar wyddbwyll yn ei bapur newydd. Ac meddai William, yn ei Saesneg crandiaf, 'I see that you're interested in chess. My cousin here is a Grand Master, you know.' Roedd hyn yn newydd ac yn syndod diddorol i'r brawd, ac yn fwy fyth o newydd a syndod i fy nghyfnither. Ond yr oedd William yn medru chwarae gwyddbwyll – o ryw fath. Fe gyrhaeddodd adref un tro, gyda set gwyddbwyll. Fe ddysgodd ei frawd Arthur i chwarae, ac yn y broses byddai'n awgrymu, 'Pam na symudi di'r darn yna i fan hyn?' Ac Arthur yn gwneud, gan gael ei sgubo oddi ar y bwrdd yn ei ddiniweidrwydd. Fe roddodd William y gorau i chwarae efo'i frawd pan ddaeth hwnnw'n ddigon da i'w guro fo – yn rheolaidd.

Yr oedd yn ddarllenwr mawr, ac efô a dynnodd fy sylw, lawer blwyddyn yn ôl, at y peryg i'r amgylchfyd trwy roi imi gopi o lyfr Rachel Carson, *Silent Spring*. Dipyn o ysgytwad oedd darllen y llyfr hwnnw. Yn y gwaith 'Cwmwl o Dystion' yr oedd difa'r amgylchfyd yn un o'r ystyriaethau y dylid, meddwn i, ei chymryd o ddifrif. Dyma ran o'r adran berthnasol:

> Dichloro-diphenyl-trichloro-ethane,
> chlordane, dieldrin,
> malathion, parathion:
> enwau ennaint dilead.
> Gwrychoedd mud a'r adar yn cwympo o'r awyr,
> yn grynedig yn trigo yn y ffosydd,
> berfeidiau o adar di-gân yn gyrff.
> Cadnoid hanner-dall yn palfalu mewn cylchoedd
> cyn cael eu cloi gan ddirgryniadau marwolaeth.
> Y draenog yn llusgo trwy'r dail i farw.
> Wrth ladd pryfed a lladd chwyn
> a lwyddodd dyn i'w ladd ei hun?
>
> Gwelwch drueni'r dyfroedd,
> ac ynddyn nhw oel a dylif cemegol,
> wâst y paratoi at ryfela biolegol –
> nwyon lladd a pharlys ac ynfydrwydd,
> hylifau glanhau dillad, powdrau golchi,
> gwastraff radio-egni, gwenwyn pryfed,
> metelau trwm,
> rwtj a slwtj a charthion.
> Ac yn y dyfroedd marw dacw
> bysgod dall yn gwingo mewn llysnafedd diwydiannol,
> y gleisiad a fu yn gloywi'r rhaeadrau
> yn pydru ac yn hagru'r glannau;
> a dacw lynnoedd yn tagu.
> Y mae organebau'r môr yn marw,
> a'r heli ei hun yn amhuro.
>
> ('Cwmwl o Dystion')

Ar ôl peth gwrthwynebiad ffyrnig bu ymateb cadarnhaol i gyhoeddi *Silent Spring*, ac fel y noda'r Athro Gareth Wyn Jones, sydd wedi ysgrifennu nifer o erthyglau Cymraeg taer am lygru'r amgylchfyd, fe gymerir llawer iawn mwy o ofal wrth ddefnyddio plaleiddiaid yn awr. Ond erys problemau dwys a phryder mawr ynghylch anawsterau enbyd fel y cynnydd mawr yn y lefelau o lygredd a grëwyd gan ddyn ers 1860, yn nwyon tŷ gwydyr, nwyon nitrogen a chemegolion, ac olion plastig; ynghylch y lleihad mewn cynefinoedd gwyllt, yn enwedig coedwigoedd, ac effaith hynny ar rywogaethau o anifeiliaid; ac ynghylch diflaniad y dŵr yn yr acwafferau o dan y ddaear. At hyn y mae yna broblem gorboblogi'r byd. Rhwng popeth, y mae'n wirioneddol debygol y bydd yna, yn y dyfodol, brinder bwyd ac adnoddau a fydd yn arwain at gystadlu amdanynt ac, y mae'n debyg, at gythrwfl cymdeithasol.

Fe fu farw'r cefnder caredig iawn William Emrys yn hanner annisgwyl ar ôl dod o'r ysbyty i dŷ ei frawd John a'i wraig Gracie i gael ei gefn ato, fel y tybid. Fe ysgrifennais gerdd am yr alwad ffôn a ddaeth â'r neges inni am ei farwolaeth:

Pan ganodd y gloch
Roedd hi fel ofn yn groch
Oherwydd o ymylon anwybod –
Cyn codi'r ffôn – daeth rhagwybod
Mai neges am William ydoedd.
Ac felly yr oedd.

Ar ôl imi ddweud beth oedd wedi digwydd mi ddechreuodd fy mab hynaf, Rhodri, a oedd yn bump oed ac wrthi'n bwyta ei ginio, holi am farw. Yn y diwedd dyma fo'n dweud:

''Chawn ni ddim mynd i'w dŷ fo felly,
Achos 'tasan ni'n curo ar y drws
Pobol ddiarth fasa yno.'
('Marwnad fy Nghefnder', *Y Pethau Diwethaf a Phethau Eraill*)

'Allai neb ddweud dim byd amgenach am farw. Ar garreg bedd William, dewisodd John, ei frawd linell gan R. Williams Parry, sydd yn cyfleu i'r dim rawd ei fywyd: 'A daeth i ben deithio byd'.

John Richard oedd yr ail o'r hogiau, gŵr a fu'n gynheiliad crefydd a diwylliant a heddychiaeth yn ei fro trwy gydol ei oes. Yn blentyn, pan fyddwn i'n chwarae efo gynnau mi fyddai fy nhaid yn awgrymu i fy mam nad oedd hynny'n beth rhy iach imi fod yn ei wneud; ei hateb hi fyddai, 'Rydych chi'n cofio fel y byddai John Richard yn chwarae efo gynnau dragywydd, a sbïwch arno fo rŵan.' David (Dave) oedd y trydydd o'r brodyr: pan oedd o'n hŷn nag oedd yn arferol mi frwydrodd yr enaid addfwyn hwn yn galed i fynd yn weinidog; ond fe fu farw,

Aelodau o'r teulu ar drip ym Morfa Bychan: (o'r chwith) Dewyrth John, a'i wraig Anti Winni, Rhiain (eu hwyres), Arthur (fy nghefnder), y tu ôl iddo John Richard (fy nghefnder), Kenneth (ffrind Arthur), fi, fy mam, fy nhaid

yn 43 oed, yn fuan ar ôl cael ei sefydlu yn Llangybi a Llanddewibrefi. Y pedwerydd brawd oedd Arthur, a fu'n weinidog ym Mryngwran, Rhuthun a Llechryd. Arthur oedd fy arwr i pan oeddwn i'n hogyn; fe etifeddais ei fag ysgol o ac y mae hwnnw, sef bag ysgol hynaf Cymru, mae'n siŵr gen i, yn atig y tŷ yma yn rhywle.

Y fodryb arall y byddwn i'n ymweld â hi oedd Anti Mary (neu Anti Mâr), a oedd yn nyrs. Yr oedd hi'n debyg o ran pryd a gwedd, ac ymarweddiad, i'r hen wraig yn y ffilm *The Ladykillers* (1955), sef y fersiwn gyntaf a'r un orau o'r gwaith hwnnw. Pan oeddwn i'n fach roedd hi'n byw yn Nhy'n Llwyn. Ar gyda'r nosau fy 'ngwyliau' gyda hi mi fyddai hi'n adrodd straeon wrthyf fi yng ngolau'r tân, ac amryw o'r rheini'n straeon ysbryd, rhai ohonyn nhw'n ffrwyth profiadau personol pan oedd hi allan ar ddyletswydd ym mherfeddion y nos mewn ardaloedd gwledig. Peth braf oedd yr arswyd dymunol oedd i'w deimlo ar achlysuron felly. Roedd ganddi hi dro ymadrodd eithaf cyrhaeddgar: rydw i wedi cyfeirio mewn man arall mai ganddi hi y bu

Gwyliau ym Mhwllheli: fi efo Anti Sali (chwith) a Mam a 'Nhad

Dyma fy Anti Mary

imi glywed y gair 'siablach' – yn yr achos yma am dywydd diflas – am y tro cyntaf, a'r gair 'anterliwt' mewn cyd-destun arbennig: 'Mae'r gath yma fel anterliwt o 'nghwmpas i'. A byddai'n werth gwrando arni'n traethu am weinidog fyddai'n 'pregethu am hen seiens dragywydd'. Un peth a'i cythruddai'n o arw oedd fod un o'i ffrindiau yn fy ngalw i'n 'Wyn' ar dro. Yr oedd y ffrind arbennig honno'n nain i ferch o'r enw Dawn: 'Aros di,' meddai Anti Mâr wrthyf fi, 'y tro nesaf y gwela i hi mi fydda i'n gofyn iddi hi sut y mae *Awn*' – ynganer fel 'Ôn'.

5
YSBRYDION

Y mae'n debyg mai straeon fy Anti Mâr oedd dechrau fy niddordeb mewn straeon ysbryd. Yn ddiweddarach, byddai Bruce Griffiths a minnau'n rhannu diddordeb mewn chwedlau o'r fath. Arwr mawr gennym ni ein dau oedd M. R. James, a arferai gyfansoddi straeon arswyd i ddiddanu, yn enwedig adeg y Nadolig. Rydw i, hefyd, yn edmygwr mawr o stori ysbryd gan 'James' arall, sef Henry James, a'i lyfr *The Turn of the Screw.* Y mae yna fersiynau ffilm a theledu digon effeithiol o'r stori hon yn bod, a fersiwn operatig iasol gan Benjamin Britten. Stori am ddylanwad drwg drychiolaeth dyn maleisus iawn ar ddau o blant ifainc ydi hon. Sut bynnag, yn ôl â ni at M. R. James. Gallai Bruce ailadrodd rhai o'i straeon o'n effeithiol iawn.

Mewn llawer o ffilmiau arswyd, yn enwedig rhai diweddar, y mae yna gryn dipyn o niweidio, o bobol yn cael torri eu pennau ac ati. Dydi hynny o ddim diddordeb i mi: yr hyn sydd yn effeithiol mewn stori ysbryd, ydi awgrymiadau sy'n creu anesmwythyd. Daliai M. R. James nad oedd yna reolau ar gyfer y math yma o lenyddiaeth, ond fe ddywedodd fod yn rhaid i'r sefyllfa a grëir fod yn gredadwy fel bod y darllenydd yn dweud wrtho'i hun, 'Os na fydda i'n ofalus, fe all rhywbeth tebyg ddigwydd i mi'. Daliai y dylai'r ddrychiolaeth fod yn faleisus. Rhoddai bwys ar greu awyrgylch, a chyrraedd uchafbwynt, gan hau pethau drwgargoelus (*ominous*) yn raddol. Doedd hi 'ddim yn annoeth', meddai, i adael posibiliadau o esboniadau naturiol cyn bod y goruwchnaturiol yn dod yn amlwg.

Roedd o'i hun yn feistr ar greu awyrgylch a chyflwyno awgrymiadau a fyddai'n anesmwytho'r darllenydd astud. Fe ddylid cofio, bob amser, fod yna rai darllenwyr nad ydyn nhw'n fodlon rhoi eu hanghrediniaeth lwyr mewn pethau goruwchnaturiol o'r neilltu, fel ei bod yn amhosib iddyn nhw gael unrhyw fwynhad o straeon arswyd. Y mae M. R. James yn feistr ar anesmwytho graddol trwy awgrymiadau annymunol. Dyma enghraifft neu ddwy. Daw'r enghreifftiau cyntaf o'r stori enwog, 'Chwibiana Di, Dof Finnau Atat' a gyhoeddwyd yn wreiddiol yn 1931, yn *Collected Ghost Stories*. Yn y stori y mae academydd o'r enw Parkins yn dod o hyd i chwibanogl mewn hen deml, wrth ymyl traeth, chwibanogl sydd, o chwythu iddi, yn codi rhywbeth arswydus. Dyma'r disgrifiad o Parkins yn mynd yn ôl i'w westy ar ôl gwneud hynny; sylwer ar yr ymadrodd awgrymog yn y frawddeg olaf:

> Roedd golau melyn egwan yn y gorllewin yn dangos y maes golff, lle'r oedd ychydig siapiau yn symud tuag at y clwb yn dal yn weladwy, y tŵr martelo sgwat, goleuadau pentref Aldsey, rhuban welw y tywod wedi ei rhannu bob yn hyn a hyn gan fframiau pren, y môr tywyll yn murmur ... Un cip olaf yn ei ôl, i fesur y pellter yr oedd wedi'i gerdded ers iddo adael eglwys adfeiliedig y Temlwyr [*Templars*], a ddangosai iddo olwg am gwmni ar ei daith, ar ffurf person o siâp braidd yn annelwig, a oedd fel petai'n ymdrechu'n arw i ddal i fyny ag o, ond heb wneud fawr ddim cynnydd.

Yn nes ymlaen, y mae'n cael rhyw fath o hunllef, a ddisgrifir fel hyn. Y mae'n gweld rhywun annelwig yn ffoi ar hyd glan y môr:

> Ond yn awr fe ddechreuodd ddod yn amlwg: ymhell i fyny'r traeth roedd rhyw fflicran o rywbeth lliw golau yn symud yn ôl ac ymlaen yn gyflym iawn ac yn afreolaidd iawn. Wrth iddo dyfu'n fwy yn gyflym, fe wnaeth hyn, hefyd, ddangos ei fod yn ffigwr mewn dilladach [*draperies*] gwelw, yn fflytran, yn

aneglur. Yr oedd yna rywbeth ynglŷn â'i symudiad a wnâi Parkins yn anfodlon iawn i'w weld yn agos ato. Fe arhosai, codi ei freichiau, ymgrymu tua'r tywod, yna rhedeg yn ei gwman ar hyd y traeth at lan y dŵr ac yn ei ôl wedyn; ac yna, gan godi'n syth, dal ati eto i symud ar ei rawd ar gyflymder a oedd yn syndod ac yn ddychryn.

('Chwibiana Di, Dof Finnau Atat', M. R. James)

Ond un o'r llyfrau mwyaf effeithiol am greu anesmwythyd ydi *The Woman in Black* gan Susan Hill, sy'n wraig i Stanley Wells, awdurdod ar Shakespeare y bûm yn cydweithio ag o ar y gyfres 'Shakespeare Animeiddiedig'. Y mae hi, yn amlwg, am ysgrifennu stori na fydd hi ddim yn ddifyrrwch wrth y tân. Y mae un o'i chymeriadau, Kipps, yn dweud hyn:

Oedd, roedd gen i stori, stori wir, stori am gythryblu a drygioni, ofn a dryswch, arswyd a thrasiedi. Ond nid stori oedd hi i'w hadrodd er mwyn diddanwch didaro, o gwmpas y tân ar noswyl Nadolig.

Hynny ydi, roedd hi, yn hollol ymwybodol, am ysgrifennu rhywbeth gwahanol i M. R. James. Ac y mae ei stori hi'n un annymunol o arswydus – a'r ffilm gyntaf (1989), nid yr ail, a wnaed o'i llyfr hyd yn oed yn fwy arswydlawn na'r llyfr.

Ar draeth yn Sir Fôn un tro mi ddychmygais fy mod i'n gweld hogan bach mewn ffrog goch ar ben craig, a dyma stori amdani hi'n datblygu'n raddol. Yn y stori y mae dau, Arthur Hefin a'i wraig Jenni, yn gweld yr hogan bach. Er na wydden nhw hynny, ysbryd oedd hi, ac y mae hi am ddweud rhywbeth wrthyn nhw. Dyma sut y mae hyn yn dechrau datblygu:

Yn y man fe aeth Arthur Hefin a'i wraig i'r gwely i gysgu. Neu i geisio cysgu. Yn nhrymder y nos roedd y ddau rhwng cwsg ac effro pan glywson nhw sŵn ysgafn, fel plentyn bach yn crio yn rhywle.

'Wyt ti'n effro?' gofynnodd Jenni.

'Ydw.'

'Wyt ti'n clywed rhywbeth?'

Ar hyn dyma'r sŵn yn peidio.

'Ydi Gel [y ci] wedi ffeindio'i ffordd i fyny i'r llofft yma eto?' holodd Arthur.

'Mi wyddost cystal â finna nad sŵn Gel ydi hwn'na,' meddai Jenni. 'Gola!'

Trawodd ei bys ar y switj, ac fe ddaeth y golau arnodd. 'Sŵn plentyn ydi o … plentyn yn crio. Dwyt ti ddim yn cofio sut y byddai dy blant di dy hun pan fydden nhw'n sâl?'

'Mi a' i i chwilio i weld be sy,' meddai Arthur, yn anfoddog, ac yn anesmwyth. Aeth allan o'r llofft. 'Does 'na ddim byd ar y landing 'ma, beth bynnag. Mi a' i i lawr.'

'A finna,' meddai Jenni gan ei ddilyn.

Gyda hyn ailddechreuodd y sŵn crio, fymryn yn uwch nag o'r blaen.

'Mae'r crio yma fel petai o'n dwad o'r stydi,' meddai Arthur, gan fynd yno a tharo'r golau arnodd, a mynd i mewn. 'Does yna ddim byd yma.'

Edrychodd y ddau o'u cwmpas.

'Be 'di hwn?' gofynnodd Jenni, yn y man. 'Hwn, yn fan'ma, ar y bwrdd yma. Chdi bia hwn?'

'Fi bia be?'

'Y ddalen yma,' meddai Jenni.

'Na,' meddai Arthur, gan ei chodi. 'Mae 'na ryw fath o sgwennu arni hi.'

Edrychodd Jenni ar y ddalen yn nwylo ei gŵr, a dweud, 'Un gair: Rochdale.'

'Wedi ei sgrifennu … gan blentyn!' meddai Arthur.

(*Drychiolaethau*)

'Hogan bach mewn ffrog goch' – llun gan fy wyres Cerys a geir ar glawr y gyfrol *Drychiolaethau*

I mi y mae yna rywbeth sy'n creu iasau mewn cri anesboniadwy plentyn yn y nos.

Fe all fod yna sail wirioneddol i stori ysbryd. Rai blynyddoedd yn ôl, mewn rhyw gynhadledd addysgol, dyma Robin Gruffydd, a ddaeth wedyn yn actor adnabyddus, yn digwydd dweud wrthyf fi am brofiad rhyfedd rhai o genod Adran Gymraeg Coleg Prifysgol Cymru, Bangor, lle'r oeddwn i'n dysgu; hyn mewn tŷ lle'r oedden nhw'n lletya yn y ddinas. Mi euthum ati i gael gair efo'r genod hyn a chael adroddiad manwl ar bapur am y profiad rhyfedd gan un ohonyn nhw. Roedden nhw'n lletya ar lawr uchaf tŷ go nobl ym Mangor, ac yr oedd yno ffenest yn y to. Yn y tŷ hwnnw y digwyddodd pethau go anesboniadwy iddyn nhw. Dyna sail a dechreuad stori ysbryd gen i – er na wnes i ddilyn eu holl hanes go-iawn nhw yn fanwl, fanwl. Dyma bwt o'r stori honno, ac enwau'r genod wedi eu newid:

Un nos Sul, a hwythau wedi dychwelyd ar ôl bod adref, roedd Catrin yn darllen yn ei gwely, a Llinos yn cael bath. 'Llinos': fe glywodd Catrin yn glir lais geneth, neu efallai fachgen ifanc, yn galw enw ei ffrind. Roedd hi'n dechrau ei hamau ei hun, pan ddaeth y llais eto, yn hollol glir, yn galw: 'Llinos ... Llinos'. Er ei bod yn gwybod fod hynny'n amhosib, fe gododd Catrin a mynd at y ffenest, a hyd yn oed ei hagor. Agorai honno i'r to ac, yn sicir, doedd yna'r un enaid yn fan'no. Ac fe wyddai ei bod hi'n rhy uchel iddi glywed neb yn galw o'r ffordd dan y tŷ. Caeodd y ffenest, mynd o'i llofft i'r lobi, a arweiniai at y grisiau, tynnu yn y drws stiff oedd ar ben y grisiau, a rhoi'r golau arnodd; ond doedd neb i'w weld yn unman. Caeodd y drws a mynd i'r lle-byw. Daeth Llinos o'r bathrwm, a mynd i'r lle-byw i sychu ei gwallt. Roedd Catrin yno'n gwneud paned. 'Ddywedodd hi ddim wrth Llinos am yr hyn oedd newydd ddigwydd. A hithau wedi sychu ei gwallt, ac yn ei gribo'n ôl, dyma rywbeth yn dechrau ei hel yn ei flaen dros ei thalcen. 'Mae'n rhaid fod 'na foltiau o statig yn fy ngwallt i!' meddai wrth Catrin. 'Sbia be sy'n digwydd.' Cribodd ei gwallt yn ei ôl ac, unwaith eto, dyma fo'n cael ei hel yn ei flaen dros ei thalcen. Roedd yn amlwg iawn i Catrin nad statig oedd yn gyfrifol am yr ymyrraeth â gwallt ei ffrind, ond 'ddywedodd hi ddim, rhag codi ofn arni hi. Ond, cyn pen dim, roedd Llinos wedi sylweddoli drosti ei hun fod yna rywbeth rhyfedd yn digwydd, a dechreuodd ofni.

'Mae 'na rywbeth òd yn fan'ma,' meddai hi wrth Catrin. 'Sbia.' Unwaith eto, sgubodd rhywbeth ei gwallt dros ei thalcen. Yna fe beidiodd. Penderfynodd y ddwy fynd i'r llofft efo dau wely, er mwyn iddyn nhw fod yn gwmni i'w gilydd am y noson honno. Pan oedden nhw yn eu gw'lâu ac yn drydanol o effro, dyma'r ddwy'n clywed llais yn galw'n glir: 'Llinos ... Llinos ... Llinos.'

'Glywaist ti rywbeth?' gofynnodd Catrin.

'Do siŵr,' meddai honno. 'Mae 'na rywun yn galw f'enw i.'

(*Drychiolaethau*)

A datblygu o'r fan yna a wnaeth y stori.

Y mae yna 'stori' ysbryd arall a ysgrifennais i ar ôl clywed am brofiad archaeolegydd a Cheltegydd enwog iawn, sef Anne Ross. Flynyddoedd yn ôl fe ymddangosodd hi ar y rhaglen deledu nosweithiol *Tonight*, gan sôn am brofiadau rhyfedd oedd wedi digwydd iddi hi yn dilyn derbyn pen carreg, Celtaidd o Hexham. Roeddwn i allan pan ddangoswyd y rhaglen arbennig hon, a'm gwraig a ddywedodd wrthyf fi amdani hi. Ymhen y rhawg fe gyfarfûm i Dr Ross yn Rhydychen, a dyma ofyn iddi am fanylion y profiadau a gafodd hi, a'i merch, yn dilyn dyfodiad y pen i'w thŷ. Defnyddio'r manylion hynny mewn ffordd rydd a wnes i wrth sgrifennu sgript y ffilm *O'r Ddaear Hen* (1981), a gynhyrchwyd gan Gymdeithas Gelfyddydau Gogledd Cymru dan gyfarwyddyd William Aaron, a chydag awgrymiadau gwerthfawr ganddo am rai manylion yn y sgript. Fe drois i'r sgript yn stori wedyn.

Cyn sôn dim pellach am y ffilm, rhaid imi roi ar glawr yma mor werthfawr ac mor flaengar oedd Cymdeithas Gelfyddydau'r Gogledd, gyda rhai fel J. O. Jones, Llion Williams a John Clifford yn amlwg yn ei gwasanaeth. Fe fûm yn gwthio, yn llwyddiannus, gyda'r selogion hyn a chyda Phwyllgor Llenyddiaeth gwirioneddol flaengar, i geisio dwyn cyfrwng y ffilm dan adain 'Llenyddiaeth'. Dyma'r gymdeithas a sefydlodd, yn y man, y Bwrdd Ffilmiau Cymraeg. Mantais y gymdeithas ranbarthol hon oedd fod ei swyddogion a'i phwyllgorwyr yn adnabod pobol eu rhanbarth yn dda iawn.

Yn ôl â ni at *O'r Ddaear Hen*. Hanfod yr hyn a brofodd Anne Ross, a'i merch hi wedyn, oedd fod yna ryw bresenoldeb rhyfedd wedi dod

Poster gwreiddiol y ffilm *O'r Ddaear Hen* (1981)

Cernunnos

i ganlyn y pen carreg a dderbyniodd hi er mwyn iddi, fel awdurdod ar y Celtiaid, roi ei barn arno. Nid af i fanylu, ond rhyw bresenoldeb rhithiol efo pen blaidd a ddaeth gyda'r pen. Ac nid hi'n unig a deimlodd y presenoldeb hwn ond gwraig y tŷ cyngor yn Hexham lle y trawodd ei gŵr hi ar y pen wrth balu'r ardd. Fel mater o ffaith, mi ddeuthum ar draws dyluniad o hen dduw Celtaidd o Iwerddon, a dau flaidd y naill ochor a'r llall iddo, yn gynorthwywyr iddo, megis. Yn y ffilm ac yn y stori bu'n rhaid imi newid y blaidd-ddyn yn greadur Celtaidd arall: mi ddewisais yr hen dduw Cernunnos (Yr Un Corniog), y mae ysgythriad brawychus ohono ar hen bedestl Nautae Parisiaci ym Mharis. Mi ddyfynnaf bwt o'r stori honno. Y mae gŵr o'r enw William Jones o Fôn wedi dod o hyd i ben (Celtaidd fel y gwelir wedyn) wrth balu ei ardd, gardd sy'n digwydd bod wrth ymyl hen safle Celtaidd. Y mae o'n ei olchi ac yn mynd ag o i'r tŷ, yn groes i ddymuniad ei wraig Jane. Dyma sy'n digwydd wedyn:

> Y noson honno, gefn drymedd nos, deffrôdd Jane Jones yn sydyn, heb wybod pam. O'i thrwmgwsg fe'i cafodd ei hun yn lân effro. Roedd ei gŵr yn cysgu'n stryffaglyd wrth ei hochor gan rochian beth ac yna distewi, ac yna anadlu'n drafferthus. Gwrandawodd Jane yn astud. Oedd yna rywun o gwmpas y tu allan? Oedd yna sŵn rhyfedd i'w glywed – rhyw rythm esgyrnog? Cododd at y ffenest ac edrych i'r ffordd. Yn ngolau'r lleuad, a oedd bron yn lleuad lawn, ni allai weld neb, ac yr oedd pob man yn wag ac yn dawel, dawel. Yna dechreuodd snwyro. Roedd yna ryw oglau rhyfedd, fel oglau anifeiliaid, i'w glywed; oglau nid annhebyg i oglau beudy ei thaid ers talwm.
>
> 'Panad,' meddai wrthi'i hun, gan godi a cheisio lladd ei hanesmwythyd. Trawodd ŵn-nos amdani a rhoi ei slipas am ei thraed. Aeth i ben y grisiau, a chan ddibynnu ar olau'r lleuad a'r golau a ddôi o lamp y ffordd trwy wydyr y drws ffrynt fe ddechreuodd fynd i lawr. Yr oedd yn y lobi pan ddaeth cysgod, cysgod mawr, dros wydyr y drws. Yna clywodd sŵn crafu ar bren y drws, sŵn ewinedd yn crafu, a hefyd sŵn tebyg i anifail yn chwythu trwy'i ffroenau. Yna, yn aneglur, gwelodd wyneb yn ymddangos yn ngwydyr y drws yn edrych i mewn. 'Anifail,' oedd y gair a saethodd i'w meddwl cyn iddi lewygu.
>
> (*Drychiolaethau*)

Mi ddylwn ychwanegu fod stori darganfod y pen wedi cyrraedd rhifyn o'r cylchgrawn *Unexplained*, ac wedi ffeindio'i ffordd wedyn i ddetholiad o ysgrifau'r cylchgrawn hwnnw, *Ghosts*, mewn cyfres a oedd yn cael ei galw yn 'Marvels and Mysteries'. Er bod rhai manylion am ddarganfod y pen yno fymryn yn wahanol i'r manylion yn y fersiwn a glywais i, y mae tystiolaeth Anne Ross yr un fath yno ag yn yr hanes a glywais i ganddi hi ei hun.

Y cwestiwn y mae rhai wedi'i ofyn i mi o dro i dro ydi, 'Wyt ti erioed yn credu mewn ysbrydion?' Rydw i, fel y mae bron pawb sy'n ymddiddori yn y maes, yn ateb, 'Dydw i erioed wedi gweld un fy hun, ond ...' A gawn ni roi'r mater fel hyn: rydw i wedi adnabod pobol gall iawn sydd wedi honni eu bod nhw wedi cael rhai profiadau nad ydyn nhw'n hawdd eu hesbonio'n rhesymol. Ymhellach, yr ydw i'n adnabod pobol yr ydw i'n eu parchu sydd yn seicig, ac yn adnabod rhai y maen nhw, yn ddiamau, wedi cael profiadau na allwn i na hwythau eu hesbonio yn ein dulliau arferol, synnwyr cyffredin ni.

Beth am ysbrydion ynteu? Yr ydw i'n barod iawn i gyfaddef fod hwn yn faes lle y mae twyllwyr a hocedwyr yn ffynnu ac yn gallu manteisio ar gredinedd y diniwed. Efallai y byddai dull yr hen wraig honno o Kerry, a'r bardd o Ryd-ddu ar ei hôl hi, o ateb y cwestiwn am dylwyth teg yn un cwbwl briodol, 'Na, dydw i ddim yn credu ynddyn nhw – ond y maen nhw yn bod.' Ond y mae ateb M. R. James i'r cwestiwn, a minnau i'w ganlyn, yn un mwy rhesymegol gadarn: 'Rydw i'n fodlon ystyried tystiolaeth, a'i derbyn os ydi hi'n fy modloni i.' Ar ôl dweud hyn'na, dydi hi ddim yn syndod fod llawer iawn o straeon am ysbrydion yn rhai lle y mae rhai sy'n anghredinwyr rhonc o resymol yn cael profiadau sydd yn newid eu hagwedd nhw. Y mae'r Parkins yn stori M. R. James yn enghraifft nodedig o'r cyfryw rai. Gyda llaw, does yna ddim esboniadau mewn straeon ysbryd da; y mae'r dirgelwch yn para. Er bod yna ddarnau effeithiol yn fersiwn ffilm deledu Jonathan Miller o 'Chwibiana Di, Dof Finnau Atat', y mae o'n gwneud Parkins yn dipyn o ffŵl, ac yn ceisio 'dadfytholegu' y stori, a 'thâl hynny ddim.

Un peth sy'n sicir, y mae yna, fel y dywedais i, bethau yn y byd yma sydd yn anodd iawn, iawn eu hesbonio – ac rwy'n dal i ddweud hyn, er fy mod i'n gwybod am esboniadau gwyddonol honedig. Cyn belled ag yr ydw i yn y cwestiwn, dyma un neu ddau o'r anesboniadwy bethau. Yn gyntaf, fy nghof am eiriau fy nghyfnither Edith, merch

Fy Anti Jini'n hogan ifanc efo fy nain o du fy nhad, sef Jane (m. 1928)

fy Anti Jini, a oedd wedi ei hyfforddi fel nyrs, wrth iddi sôn wrthyf am fy ewyrth Percy yn marw, a hithau yno gydag o.

Yr oedd fy ewyrth wedi cael mwy na'i siâr o ddioddefaint yn yr hen fyd yma, gan gael ei ddifetha gan gryd cymalau creulon. Wrth farw yr oedd o'n gweld afon ac yn enwi ei rieni a chyfeillion yr oedd o'n eu gweld ar yr ochor arall i'r afon honno. Yr oedd y peth, meddai Edith, fel sylwebaeth ar adael y byd yma. Wedyn, dyna eiriau Edith am ei mam, ar ôl y brofedigaeth arw honno o golli ei mab Stanley, ac yntau fymryn dros ei hanner cant, colled a'i handwyodd hi'n greulon: yr oedd hi, meddai Edith, wedi breuddwydio fod Stanley wrth y giât bren sylweddol a oedd yn wal gefn y tŷ, sef 6 Benar View, a'i bod hi wedi agor y giât honno a gweld ei mab yno, wedi'i wisgo'n daclus fel y byddai'n hoff o wneud. Fe estynnodd ei law iddi ac, wrth reswm, dyma hithau'n cydio yn ei law. Yna dyma 'fyntau'n dechrau tynnu, a chyda thrafferth y cafodd hi ei llaw yn rhydd. Roedd fy modryb yn argyhoeddedig pe bai hi wedi croesi trothwy'r iard gefn y byddai hithau wedi marw hefyd. Yn y profiad hwn yr oedd hi, yn reddfol, wedi taro ar un o ddelweddau dwfn yr enaid dynol, yr hyn a elwir yn ddelweddau architeipaidd. Y ddelwedd yma ydi trothwy, man i groesi drosodd. Y mae 'ffin', fel y mae 'afon' yn hen, hen ddelwedd o fan croesi: y mae'r hen Iorddonen ddofn, Styx ac Acheron yn enghreifftiau o fannau croesi, sef croesi o'r byd hwn i fyd arall.

Fe fu'r seicolegydd enwog iawn Carl Gustav Jung yn trafod y gallu dynol i daro ar y delweddau mawr sylfaenol yma, delweddau sydd wedi eu cario am oesoedd mawr trwy yr hyn a alwai o yn 'gof cyffredin', neu gof yr hil. Y mae ei sylwadau'n rhyfeddol o graff. Yn wir, yr oedd o yn rhyw fath o broffwyd yn yr ugeinfed ganrif, ac yn llawer craffach na Freud – yn fy marn fach i.

Yn ei hunangofiant, *Atgofion, Breuddwydion, Myfyrdodau*, y mae o'n cyfeirio at ymweliad a wnaeth o a chyfeilles iddo â bedd yr Ymerodres Galla Placidia (a fu farw tua 450) yn Ravenna. Yno yr oedd pedwar ffresgo o fosäig, a'r pedwerydd yn dylunio Crist yn estyn ei law i Pedr pan oedd hwnnw'n suddo o dan y tonnau. Fe oedodd o a'r gyfeilles o flaen y ffresgo hwn am tuag ugain munud gan drafod ei gysylltiad â bedydd. Wrth ymadael fe geisiodd Jung brynu cardiau post o luniau o'r ffresgos hyn, ond doedden nhw ddim ar gael yno, ac yr oedd yntau ar frys fel na allai dreulio amser maith yn y lle. Ar ôl dod adref fe ofynnodd i gyfaill, a oedd yn mynd i Ravenna, brynu lluniau o'r ffresgos iddo. Wedi mynd i'r lle, ni allai'r cyfaill gael hyd iddyn nhw; ymhellach, ychwanegodd nad oedden nhw'n bod. Pan ddywedodd Jung hyn wrth ei gyfeilles, gwrthodai hi gredu nad oedd y ffresgos yno, a hithau 'wedi eu gweld nhw â'm llygaid fy hun'. Dyma un o brofiadau rhyfeddaf ei fywyd, meddai Jung. Yr unig led-esboniad yr oedd o'n ei gynnig oedd fod yr Ymerodres wedi mynd i ganol storm wrth groesi o Byzantium i Ravenna, a'i bod hi wedi tyngu llw, os deuai hi'n ddiogel trwy'r storm honno, y byddai hi'n adeiladu basilica i San Giovanni yn Ravenna, ac addurno'r lle â mosäigs. Ond yn gynnar yn yr Oesoedd Canol roedd y basilica a'r mosäigs wedi cael eu dinistrio mewn tân. Sylw Jung am y digwyddiad rhyfedd hwn oedd:

> Ers fy mhrofiad yn y fedyddfa yn Ravenna, rydw i'n gwybod i sicrwydd ei bod hi'n bosib i rywbeth sydd oddi mewn [i berson] ymddangos fel pe bai o o'r tu allan, a'i bod hi'n bosib i rywbeth sydd o'r tu allan ymddangos fel pe bai o o'r tu mewn.

Mi glywn ni fwy am Jung yn y man. Ychwaneger at y rhyfeddodau hyn y ffrwydrad a greodd Niels Bohr ac eraill mewn Ffiseg gyda'r benbleth y daethpwyd i'w galw yn Ddamcaniaeth Cwantwm.

6
AMSER RHYFEL

Ar 2 Medi 1939 roeddwn i'n dair oed. Ar 1 Medi y flwyddyn honno fe ymosododd yr Almaen ar Wlad Pwyl; ar 3 Medi fe gyhoeddodd Prydain ryfel yn erbyn yr Almaen. A dyna ddechrau'r Ail Ryfel Byd. Fe alwyd gwŷr o'n bro i fod yn filwyr, wrth gwrs, a 'ddaeth ambell un – gan gynnwys Palmer neu 'Pal' ar lafar, brawd i Robin Evans fy ffrind – byth yn ôl. Yr oeddem ni yn o bell oddi wrth y malurio mawr, a dim ond yn achlysurol iawn y deuai dim o'r malu heibio i ni, megis y tro hwnnw pan ddaeth awyren i lawr tua Thrawsfynydd. Ond roedd pethau fel dogni bwyd a dillad yn amharu arnom ni fel ar bawb arall, wrth reswm. Doedd yna ddim teledu'r adeg honno, a dibynnai pawb ar y radio a'r papurau newydd i ddilyn hynt a helynt y rhyfel; hynny a'r 'Newyddion' a ddangosid yn y pictjiwrs gyda phob Llun Mawr, fel y dywedem ni. Roedd yna luniau o filwyr ifainc yn cael eu lladd a'u clwyfo, dinasoedd yn cael eu bomio, awyrennau'n dinistrio llefydd, ac yn cael eu saethu i lawr, gan wneud sŵn ananghofiadwy eu dinistr.

Dyma'r adeg y daeth rhai faciwîs o ddinasoedd mewn peryg i'n hardal fwy diogel ni. Y mae gen i ddau gof clir iawn am faciwîs: un oedd am deulu'r Dillons a ddaeth i fyw heb fod ymhell oddi wrth bictjiwrs y Forum, ac yn enwedig Geoffrey y deuthum yn gyfaill da iddo. Pan oeddwn i ar ymweliad â Gŵyl y Gelli Gandryll yn 2006, fel Bardd Cenedlaethol Cymru, dim llai (!), ac wedi fy nghael fy hun y tu ôl i fwrdd i arwyddo llyfr o luniau a cherddi am Flaenau Ffestiniog, fe ddaeth gŵr a gwraig at y bwrdd, ac fe wyddwn i'n syth, ac yn gywir, mai Geoffrey Dillon oedd y dyn. A doeddem ni ddim wedi gweld ein gilydd am dros drigain mlynedd.

Y cof arall ydi un am Jimmy Lawson, a ymunodd â ni pan oeddem ni yn Nosbarth Dau (Standyd Tŵ) yn yr ysgol elfennol tua diwedd cyfnod y rhyfel. Bachgen du oedd Jimmy ac yr oedd mewn cartref lle'r oedd y gŵr a'r wraig mewn dipyn o oed (neu'n 'uffernol o hen', fel y dywedodd un o'm ffrindiau wrthyf – hynny ydi dros eu deugain), ac yn 'gythreulig' o dduwiol, yn ôl yr un awdurdod. Fe ddysgodd Jimmy Gymraeg mewn dim o dro, a dod yn un o'r hogiau. Y mae un digwyddiad yn ymwneud ag o yn glir fel grisial yn fy meddwl. Amser chwarae yn y bore yn yr ysgol oedd hi, y gloch wedi canu i'n galw ni'n ein holau i'n dosbarthiadau. Roeddem ni i gyd yno ar wahan i ddau, sef Jimmy Lawson a Robert Ifan. Yn y man cyrhaeddodd y ddau hwyrddyfodiad, a dyma'r athrawes yn gofyn ble yn y byd yr oedden nhw wedi bod. Yr oedden nhw wedi bod yn cwffio. A pham yr oedden nhw wedi bod yn cwffio? Ateb Jimmy Lawson: 'Robyt Ifan daru biso am 'y mhen i.' Yno, ger y wal ddyfrhau agored honno yn iard Ysgol y Bechgyn, Maenofferen yr oedd y 'dyfrhau' arall a'r ymrafael wedi cychwyn. Lloriwyd y dosbarth gan ryferthwy na ellid ei fygu o chwerthin annosbarthus, a rhyfeddu na fu'r rotjiwn beth am fod 'Y Gair' wedi ei lefaru'n gyhoeddus, ym mhresenoldeb ein hathrawes! Gwnaeth yr hyfdra, hynod ddiniwed ar ran Jimmy Lawson, y fath argraff arnaf fel nad ydw i'n cofio dim byd am yr hyn a ddigwyddodd wedyn.

Am 'wn i, 'Newyddion' y pictjiwrs a argraffodd y rhyfel ar fy meddwl i. Yr ydw i wedi dweud mewn man arall am y golygfeydd ddaru eu serio eu hunain ar fy meddwl i, a phawb arall a'u gwelodd nhw, o weld aelodau o fyddin Prydain yn mynd i mewn i Belsen ar ddiwedd y rhyfel. Er mor ifanc oeddwn i, neu efallai am fy mod i mor ifanc, mi wnaeth yr holl ddioddefaint yna, a'r holl ddrygioni a'i hachosodd

Milwyr y Cynghreiriaid yn cyrraedd i ryddhau gwersyll-garchar Bergen-Belsen, Ebrill 1945

godi arswyd arnaf fi. Yn y man, yr hyn a sylweddolais i oedd yr hyn y mae hi'n bosib i ddynion pechadurus ei wneud i'w cyd-ddynion. Wrth ddweud hyn yr ydw i'n golygu fod y drygioni hwn yn ddwfn iawn ynom *ni* (a fi), y ddynol ryw – er nad dyna'r unig beth sydd ynddi hi, wrth reswm. Y mae yn y ddynol ryw hefyd ddaioni, sef Duw ynom ni fel petai, y sbarc o oleuni a oedd ym mhob un ohonom ni, yn ôl Morgan Llwyd: mewn rhai y mae'r sbarc yn cynyddu ac y maen nhw'n symud yn nes, nes at y Duwdod, ac mewn eraill y mae o'n pylu ac y maen nhw'n pellhau, pellhau oddi wrtho. Y mae yna enghreifftiau mor frawychus o ddrygioni fel ei bod hi'n anodd i bobol, ar hyd yr oesoedd, beidio â meddwl fod yna bwerau arallfydol (fel y gwrachod

Milwyr yn helpu rhai o'r merched garcharwyd yn Belsen i gefn lorri a fyddai'n eu cludo i'w cartrefi dros dro newydd

yn *Macbeth*) yn chwarae rhyw ran ynddyn nhw. Oherwydd hyn dydi hi ddim yn anodd deall pam y mae rhai ohonom ni'n meddwl fod yn rhaid inni wrth Waredwr i'n 'cadw ni rhag drwg'.

Yn wyneb dioddefaint yr Iddewon – a sipsiwn, a gwrywgydwyr, ac eraill – yng 'ngwersylloedd' angau'r Natsïaid, a dim ymyrraeth uniongyrchol o du Duw, y casgliad symlaf ydi dweud nad ydi O ddim yn bod: ac fe ddigwyddodd hyn. Ar y llaw arall, y mae nifer o'r rhai a fu trwy'r drin wedi gallu dal i gredu mewn Duw da a chariadus. Rydw i'n ei chael hi'n anodd peidio â meddwl bod yr achub a'r rhyddhau wedi dod, unwaith eto, am fod Duw'n gweithredu trwy gyfryngau dynol, trwy gyfrwng ei lestri pridd sef, yn yr achos hwn, filwyr y Cynghreiriaid.

Y mae byw trwy gyfnod y dioddefaint hwn, y creulonder hwn, hyd yn oed ar ei ymylon pell, yn peri i rywun feddwl. Y mae digwyddiadau erchyll yr Ail Ryfel Byd yn dal i gael eu dangos ar rai sianeli teledu o hyd, fel bod gan y digwyddiadau ryw bresenoldeb arswydus o barhaus. Fe gefais ychydig o hanes hanner cynta'r tridegau yn yr Almaen gan yr Athro Melville Richards a oedd yno'n fyfyriwr: yr oedd y *Brownshirts* yn creu arswyd hyd y strydoedd, meddai. Un arall oedd yn yr Almaen yn y cyfnod hwn oedd Dafydd ap Thomas. Fe fu o yn Nuremberg yn gwrando ar Hitler yn mynd trwy'i bethau, ond braidd yn siomedig, ar un olwg, oedd ei ymateb i'w holi o ynghylch hynny: roedd Hitler, meddai, 'fel ambell i bregethwr cynorthwyol yn nodi ar ei sgript, "Gweiddi o hyn ymlaen" '. Yr oedd hyn'na'n un ffordd o dynnu Hitler i lawr, ond nid pregethwr cynorthwyol o unrhyw fath oedd o. Y mae yna lawer iawn o lyfrau wedi eu hysgrifennu am y pethau hyn hefyd. Un hanesydd nodedig iawn sydd wedi eu cofnodi a'u trafod ydi Martin Gilbert yn *The Holocaust* – fe gefais ei ganiatâd o i sôn am ambell ddigwyddiad a gofnodir yn y llyfr. Gan fod y pethau enbyd hyn wedi eu serio i fy mhen yr oeddwn i, ers blynyddoedd, wedi dod i deimlo rhyw reidrwydd i gofnodi digwyddiadau go-iawn o'r cyfnod ofnadwy hwn fel fy mod o leiaf wedi gwneud ymdrech i ddweud am un, o lawer, o gyfnodau tywyll hanes y ddynoliaeth. Dyna pam yr ysgrifennais i *Teyrnas y Tywyllwch* gan lawn sylweddoli nad ydi obsesiynau pawb ddim yr un fath.

Y mae yn y llyfr nifer o gyfeiriadau at y Beibl (geiriad yr hen gyfieithiad), am fod y cyfan yn ffitio, mewn ffordd, i batrwm crefydd a hanes gwaedlyd yr Iddewon. Geiriau Cymraeg wedi eu gweithio dan benawdau a phatrymau yn rhyw fath o *Kaddish* ydi'r llyfr. A beth ydi *Kaddish*? Rhan o ddefodaeth y synagog, math o weddi o fawl a diolchgarwch, ac o erfyn am dangnefedd a draddodir, yn enwedig, gan alarwyr amddifad.

Fe ddyfynnaf ambell bwt o'r llyfr i roi syniad o'r hyn sydd ynddo fo.

Un o'r pethau brawychus am yr Holocost oedd y dull oeraidd, mater-o-ffaith, ymarferol yr aeth y Natsïaid ati i geisio dileu cenedl yr Iddewon:

> Ar gyfer distryw, rhaid wrth aparatws:
> Megis gwersylloedd angau
> Mewn mannau dinadman;
> Megis rheilffyrdd sy'n cael eu harchwilio
> A'u cadw yn dramwyol,
> A digon o wageni,
> Cyflawnder o gerbydau
> I gario pob cargo yno.
> Mae'n rhaid wrth amserlenni
> A gofal mawr wrth drefnu'r rheini,
> Cynlluniau ar gyfer y cludo,
> A phatrymau dibynadwy o ddinistrio.
> Ac i weinyddu unrhyw ladd
> Rhaid wrth gymorth pobol –
> Miloedd ohonynt, Almaenwyr ac eraill.
> I gyflawni dyletswyddau hanfodol, angenrheidiol
> Rhaid wrth lu o fiwrocratiaid,
> Strategaethau a nodau a thargedau,
> A rhaid wrth rai i arolygu,
> A hynny'n gydwybodol,
> Y gweithgareddau hyn i gyd.
> A rhaid wrth Adolf Eichmann.

('Aparatws Distryw', *Teyrnas y Tywyllwch*)

Dyma ddetholiad o ddioddefiannau, sef enghreifftiau go-iawn o ddigwyddiadau a oedd yn ddigon cyffredin:

Gosodwyd hefyd i lawr nifer o gofnodion
Am ddioddefaint plant dynion.

Fe welais i
Un Nazi yn dweud wrth 'hwch o Iddewes':
'Dewisa di,
Pa un o'r tri yma,' –
Ei phlant –
'Yr wyt ti yn dymuno ei arbed.'

Fe welais i
Yn Minsk, yn y nos, ar Stryd Ostrashun
Wraig yn cael ei llusgo
Gerfydd ei gwallt gan ddau *Einsatzkommando*.
Yn ei breichiau cariai blentyn.
Taflwyd hi'n egr i lawr ar y palmant
A chwympodd ei phlentyn o'i gafael.

Merched yn Belsen yn cludo corff marw un o'u cyd-garcharorion mewn blanced

Cydiodd un o'r anrheithwyr yn yr un bach
A'i godi gerfydd ei goes,
A thra roedd ei fam ar ei phedwar yn ymbil,
Fe drawodd ei ben yn erbyn y wal
Un waith, dwy waith; a'i ddryllio.

Fe welais i,
Yn ghetto Warsaw, ar aeaf milain,
Hogiau bach yn garpiog, droednoeth
Yn wylo ar y strydoedd.
Wedyn, ar risiau tai drylliedig
Cafwyd hyd i ddeg a thrigain
O'r rhain, wedi rhewi'n gorn.

Fe welais i
Iddew o Latfia yn wylo
Gan ddal yn ei ddwylo
Got ei ferch fach, yn llawn gwaed ...

Fe welais i,
Un dydd yn ghetto Cracow,
Y Gestapo'n eu hyrddio eu hunain ar blant,
Rhai bychain, bach, rhyw dair blwydd oed,
A'u taflu i mewn i fasgedi.
Wedi hyn fe welais i
Y basgedeidiau hyn o blant
Yn cael eu gwagio fel pentyrrau o sbwriel
I bydewau yng nghefnau y ddinas,
Ac amryw ohonyn nhw yn fyw.

Fe welais i,
Ym mhentref bach Zagrodski,
Yn y ghetto yno,

Bobol wedi eu hel yn llinell
Ar ymyl beddrod, yn barod i gael eu lladd,
A chlywais un ferch fach, naw oed,
Yn troi at ei Mam ac yn gofyn,
'Mam, pam wnest ti i mi
Wisgo fy ffrog Shabbat
A ninnau yma i gael ein saethu?'
('Plant Dioddefaint', *Teyrnas y Tywyllwch*)

Ynghanol yr uffern hon, fe geir tystiolaethau fel yr un a ganlyn am ddewrder a mawrfrydedd a grym ysbrydol. Lena Berg yw'r un sydd yn llefaru yma:

'Iddewesau ifainc oeddynt,
Ac o Wlad Groeg y daethant.
Gwragedd oeddynt a llancesi,
Llyfnion a gosgeiddig;
Fel blodau oeddynt,
Ac arnynt wenau yr heulwen.

'Crinodd Auschwitz hwynt.
Rai wythnosau ar ôl hyn
Yr oedd y cangau teg a'r blodau oll
Â gaeaf yn annhymig ynddynt;
Dim almonau yma mwy,
Dim dawns disgleirdeb yn y dail,
Dim miri heulwen yma.
Wele hwy, trwy aflendid gorfodol,
Trwy ddysentri, trueni, a chwys
Oll yn nychlyd, yn glaf, yn guriedig,
Yn fudron, yn sofl sychion,
Wedi eu difa gan bryfed, gan gornwydydd,

A'u baeddu gan grach a chrawn,
A madredd ac enbydrwydd.

'Ond pan yrrwyd hwy, o'r diwedd,
I'r siamberi du i wynebu eu difodi
Wele gân ar eu gwefusau, yr *Hatikvah*,
Hen gân o obaith pobol Seion,
Hen gân o obaith na all ballu.
Byth ers hynny, pan glywaf fi y gân,
Rwyf fi'n eu gweld hwy, y merched, yno
Ym mhwll isaf un bodolaeth, yn canu;
Ac am hynny fe wn i
Fod yn llifo trwy'r ddynoliaeth
Ffrwd o dragwyddoldeb sydd yn fwy
Na'n hangau ni, sy'n unigolion;
A gwn fod hon yn ffrwd sy'n llifo, llifo
Yn anorchfygol, ddilesteirio.'

Ynghanol y gwae eithaf y mae yna rai pobol a digon o Dduw ynddyn nhw i oresgyn y bwystfildod sydd yna, hefyd, mewn dynion. Dyna un ochor i bethau, ond y mae'n rhaid inni gofnodi fod yna ochor arall iddyn nhw, ar un olwg. Dyma eiriau un Iddew am eu sefyllfa nhw:

'Mi wnaeth Max Schmelling, y paffiwr
Arbed dau o blant Iddewig –
'Oedd yn fwy nag a arbedodd Duw.'

('Y Cyfamod', *Teyrnas y Tywyllwch*)

Cwestiwn: onid un o lestri pridd Duw oedd Max Schmelling?

7
PETHAU DRAMATIG

Pan oeddwn i yn y Pedwerydd Dosbarth yn Ysgol Ramadeg Ffestiniog, fel y gelwid Ysgol y Moelwyn yr adeg honno, roedd yr athro oedd i fod i gymryd ein dosbarth ni adre'n sâl, ac mi ddaeth aelodau'r Chweched Dosbarth i gael eu gwers Saesneg gan Mr Trevor Harris i'n stafell ddosbarth ni. Roedden nhw'n astudio drama gan William Shakespeare, ac mi wnes i ddechrau gwrando yn lle darllen beth bynnag yr oeddwn i i fod i'w ddarllen. A dyma'r athro'n dechrau dyfynnu'r darn enwocaf un o *Cymbeline*, sef:

> Fear no more the heat o' th' sun
> Nor the furious winter's rages;
> Thou thy worldly task hast done,
> Home art gone and ta'en thy wages.
> Golden lads and girls all must,
> As chimney sweepers come to dust.

Dyma'r geiriau mwyaf cyfareddol yr oeddwn i wedi eu clywed ers imi ddarllen, gyda rhyfeddod braidd yn ddiddeall, yr adnodau hynny ym mhennod olaf Llyfr y Pregethwr am ddyn yn mynd 'i dŷ ei hir gartref'. Neu un o'r llinellau hynny y byddai ein hathro Lladin, Arthur O. Morris yn ei bwrw atom o bryd i'w gilydd, sef llinell o waith Ofydd, 'O lente, lente, currite noctis equi' ('Rhedwch chwi,

O mor dyner, O mor dyner, feirch y nos' – y mae'r bardd gyda'i gariad ac eisio i'r nos barhau). Neu 'Englynion Coffa Hedd Wyn' gan R. Williams Parry y buom yn eu dysgu. Gyda llaw, pan fûm i fy hun yn athro Cymraeg a Saesneg yn fy hen ysgol am flwyddyn (1962–63) mi wnes yn siŵr fod dosbarth y flwyddyn gyntaf yn dysgu englynion Williams Parry. Rai wythnosau ar ôl imi wneud hyn roeddwn i mewn siop ffrwythau yn y dref, a dyma wraig yno'n dweud wrthyf fi eu bod nhw, fel teulu, yn dod yn y car ar hyd gwastad Trawsfynydd, a hithau'n noson glir, olau leuad lawn – ac y mae lleuad Trawsfynydd yn werth ei gweld – a be glywai hi o'r sedd gefn ond ei mab yn adrodd, 'Tyner yw'r lleuad heno ...' ac ymlaen. Dyna ydi'r math o beth y mae unrhyw athro eisio ei glywed.

Yr oeddem ni wedi bod yn astudio pytiau o waith Shakespeare cyn mynd i'r Pumed Dosbarth, a hynny yn y Pedwerydd Dosbarth, ond ym Mlwyddyn Tri yn yr ysgol uwchradd – Dosbarth Dau yn hytrach na Dosbarth Un oedd dosbarth cyntaf yr ysgol am ryw reswm na ellais i erioed ei ddeall. Ddaru'r astudio hwnnw ddim mennu fawr arnom. Yr unig gof am yr hen William sydd gen i cyn hyn oedd mynd i bictjiwrs y Forum efo'r ysgol i weld ffilm o *Hamlet* (1948), gyda Laurence Olivier yn chwarae rhan y tywysog hwnnw. Ni ellir dweud i'r gwylio ddigwydd dan amodau ffafriol iawn gan fod yna gryn dipyn o sŵn anniddig yno, na allai'r athrawon oedd yn ein gwarchod ei dawelu. Yn y Pumed Dosbarth *The Tempest* oedd un o'r gweithiau i'w astudio ar gyfer arholiad y Safon Gyffredin, ac ers hynny y mae'r ddrama hon yn un o'm hoff ddarnau o lenyddiaeth.

Yr hyn a'm trawodd i, wedyn, oedd mor iach o deimladwy yr oedd y merched yn y dosbarth yn ymateb i ddarnau o'r ddrama. Un o gymeriadau'r ddrama ydi hanner bwystfil o ddyn o'r enw Caliban, un sy'n ceisio cyflawni pethau go erchyll – heb fedru gwneud hynny gan ei fod o o dan reolaeth Prospero, meistr yr ynys, ond un a ystyrir fel rhyw fath o 'imperialydd' gan Caliban am ei fod o'i hun yno o flaen Prospero.

Mewn un man y mae'r Caliban barbaraidd hwn yn dechrau sôn wrth un o'r enw Stephano am synau'r ynys. Yr ydw i mor hy â dyfynnu o gyfieithiad gen i a gyhoeddodd Gwasg Gee yn 1996:

> Paid ag ofni: mae'r ynys yn llawn synau,
> Seiniau a cheinciau pêr, sy'n rhoi boddhad,
> Heb beri dolur. Weithiau fe fydd mil
> O offerynnau-tincial yn suo o gylch
> Fy nghlustiau; ac weithiau fe ddaw lleisiau a fydd,
> Pe bawn i wedi deffro yna ar ôl
> Hun hir, yn gwneud imi gysgu eto; ac yna,
> Mewn breuddwyd, y cymylau 'dybiwn i
> 'Agorai a dangos cyfoeth yn barod i ollwng
> Arna'-i; fel pan ddeffrown, yr wylwn i
> Am gael breuddwydio eto.

Fe gofiaf yn iawn, wrth i'r athro ddarllen y darn hwn, fel y byddai'r merched yn cydymdeimlo efo Caliban ac yn dweud, 'O' a 'Biti'. Hynny ydi, yr oedd yr hen Shakes yn gallu gwneud i bobol gydymdeimlo efo'r hanner bwystfil hwn. A gwneud i ninnau, ymhen amser, sylweddoli nad ydi bywyd ddim yn syml.

Meistr Caliban ydi Prospero, dewin nerthol ac un a allodd, meddai, wneud hyn:

> Gwnes i'r penrhynnau praff-eu-seiliau grynu,
> A chodi pîn a chedrwydd wrth eu gwreiddiau:
> Ar fy ngorchymyn i deffrôdd y beddau
> Eu meirwon, agor, ac yna'u gollwng allan ...

Erbyn iddo gyrraedd yr araith hon y mae'n rhaid fod Shakespeare wedi anghofio fod Prospero wedi dweud wrth ei ferch, Miranda na allent hwy eu dau wneud heb Caliban. Pam?

... allwn ni
Mo'i hepgor. Mae e'n cynnau'r tân, yn cario'n
Coed i mewn, a gwneud y swyddau sydd
O fudd i ni.

Mae'n rhaid i'r dewin mawr gael rhywun i dorri coed tân iddo!

Un o areithiau mawr Prospero ydi'r un sy'n cynnwys y geiriau canlynol y mae o'n eu dweud wrth Ferdinand, cariad ei ferch, ar ôl iddo ddangos iddo fo a hithau basiant cyfareddol:

Y mae'n miri ni yn awr ar ben.
A hwythau ein hactorion – fel y bu
I mi rag-ddweud – ysbrydion oeddynt oll,
Sydd wedi troi yn awyr, yn awyr wag:
Ac, megis defnydd disylfaen y dychymyg
Hwn – y tyrau mewn cymylau, y
Palasau gwychion, y temlau cysegredig,
Y byd mawr ei hun, ie, pob peth
Sydd ynddo'n bod, darfyddant oll ac, fel
Y pasiant darfodedig ansylweddol hwn,
'Adewir dim ar ôl. Yr ydym ni
'R un defnydd â'n breuddwydion, a'n bywyd bach
Gan gwsg sy'n amgaeedig ...

(Y dyfyniadau i gyd o *Y Dymestl*)

Y mae geiriau'r hen ddramodydd yn rhai gwirioneddol gyfareddol.

Yn 1989 fe'm comisiynwyd gan S4C i gyfieithu talfyriadau o nifer o ddramâu Shakespeare a oedd i gael eu cyflwyno mewn ffurf animeiddiedig (cartŵn) ar gyfer plant. Bu'n orchwyl pleserus, a chefais gyfle i gydweithio efo cyfarwyddwyr fel Lyn Jones ac Aled Jones, a chyfle i weld nifer sylweddol o actorion Cymraeg wrth eu gwaith.

Criw y Shakespeare Animeiddiedig ym Moscow: Chris Grace (S4C), fi, Leon Garfield (awdur ac addaswr y sgriptiau Saesneg), Stanley Wells (awdurdod ar waith Shakespeare), Geraint Talfan Davies

Dyma sut yr oedd y cyfan yn gweithio: roeddwn i'n cael talfyriad Saesneg o'r dramâu ac yn mynd ati i weithio cyfieithiad gan geisio dilyn ystyr y gwreiddiol, ei aceniad, a'i amseriad. Yna byddai'r actorion yn gwylio'r animeiddiad ar sgrin gyda'r eiliadau'n tician heibio arni, gan yngan y geiriau i symudiad y cegau – tipyn o gamp. Wrth weithio ar *Rhisiart III* rydw i'n cofio un olygfa lle'r oedd y brenin hwnnw wrth fwrdd bwyd a phlât, efo gorchudd arni, yn cael ei gosod o'i flaen. Roedd yntau'n codi'r clawr ac yn gweld pen un o'i elynion ar y blât. John Ogwen oedd yn actio Rhisiart. Codwyd y clawr, wele y pen yno; ac meddai John, 'Ble mae'r blydi grêfi?' Mae gen i gof am Cefin Roberts yn dod i'r stiwdio i actio Puck yn *Breuddwyd Nos Ŵyl Ifan*. Roedd o wedi dod yno efo syniad o Puck go dylwyth-tegaidd yn ei ben, ond yr hyn a ymddangosodd ar y sgrin oedd lwmpyn o beth, a bu'n rhaid iddo fo addasu ei berfformiad i ffitio hwnnw: mae'n deyrnged i'w ddawn iddo lwyddo i wneud hynny.

A sôn am *Breuddwyd Nos Ŵyl Ifan*, y mae yna olygfa yn y ddrama honno lle y mae Oberon, brenin y Tylwyth Teg, yn sôn am chwarae tric ar Titania, brenhines y Tylwyth Teg:

Mi wn am lain lle tyf y teim yn wyrdd,
A llysiau'r parlys, fioledau fyrdd,
A glwys yn do i'r fan mae gwyddfid pêr,
Miaren Mair a rhosys dan y sêr.
A rhan o'r nos y cwsg Titania yno
Yn y blodau hyn yn su llawenydd mwyn a dawnsio:
Ac yno bwria'r neidr ei chroen enamel hi –
Ei led sy'n ddigon llydan i un o'n Tylwyth ni.
Fe iraf ei hamrannau â'r gwlybwr hudol hwn,
A llenwi'i bryd â ffantasïau trwm ...

(*Breuddwyd Nos Ŵyl Ifan*)

Mirain Haf yn *Breuddwyd Nos Ŵyl Ifan*,
cynhyrchiad Ysgol Glanaethwy, 2002

Yn 2002 fe gyhoeddodd Cyd-bwyllgor Addysg Cymru gyfieithiad llawn gen i o'r ddrama hon, a chafwyd perfformiad ohono gan Ysgol Glanaethwy, dan gyfarwyddyd Cefin Roberts, perfformiad a oedd yn rhyfeddol o fedrus.

Flynyddoedd yn ôl, ar y radio, mi glywais actor ifanc o Gaerdydd yn dweud nad oedd Shakespeare yn 'gweithio yn Gymraeg'. Mi allwn i gasglu na allai o, beth bynnag, byth bythoedd lefaru Shakespeare yn Gymraeg am nad oedd ei lefaru yn ddigon da. Yn ffodus, fel y dangosodd cyfres y Shakespeare Animeiddiedig, y mae yna gryn nifer o actorion sydd yn medru llefaru'n ddigon da i gyflwyno gwaith y dramodydd yn Gymraeg. Y mae'r hyn a ddywedai John Gwilym Jones mor aml yn berffaith wir: y mae'r rhan fwyaf o ddigon o ddramâu, yn sylfaenol, yn dibynnu ar eiriau, a dylai fod yna hyfforddiant priodol i actorion i lefaru yn Gymraeg. At hyn, ychwanegaf finnau: dylai fod gennym amrywiaeth o gyfieithiadau o ddramâu'r byd, o ddramâu Groeg ymlaen, ar gael, fel bod yna ddefnyddiau yn bod i roi prawf iawn ar eu doniau. Yn eu tro fe lwyddodd y dramodydd John Gwilym Jones (efo cyfieithiad gan J. T. Jones) a Cefin Roberts i gael hyd yn oed blant ysgol i lefaru geiriau dramâu Shakespeare yn fedrus a llwyddiannus iawn.

Wrth grybwyll llefaru ac actorion, yr oedd Aled Jones, a oedd yn gyfrifol am gynyrchiadau dramâu yng Nghanolfan y BBC ym Mangor, yn cyfarwyddo addasiad radio gen i o 'Culhwch ac Olwen' un tro, a dyma fo'n fy ngwahodd i i'r stiwdio i weld y recordiad. Roeddwn i wrth fy modd yn gweld yr actorion profiadol yn y cynhyrchiad yn ymagweddu fel pe baen nhw i'w gweld ar lwyfan. Dyna Bryn Fôn yn sgwario i actio rhan y Brenin Arthur, er enghraifft, a John Pierce Jones fel pe bai o'n ymbysgodeiddio i actio hen, hen Eog Llyn Lliw. Peth fel yna ydi bod yn actor go-iawn.

Dydw i ddim wedi gorffen sôn am Shakespeare. Dyna inni ei drasiedïau mawr *Hamlet* a *Macbeth.* Ar ôl cyfieithu'r fersiwn dalfyredig o'r ddrama ddiwethaf mi es ati i gyfieithu'r cyfan ohoni hi – y mae

Fi yn digwydd bod yn Stratford, wrth y tŷ lle ganwyd Shakespeare. Yn ôl y sôn, y mae ei ysbryd yn ymddangos unwaith bob canrif, a dyma un o'r troeon hynny.

hi gen i, heb ei chyhoeddi. Y mae hi'n ddrama ysgytwol ac ofnadwy am ŵr o anrhydedd yn cael ei lygru gan ei uchelgais, gydag awgrym cryf fod yna bwerau y tu hwnt i'r unigolyn yn cyfeirio'i gamre tuag at ei gwymp a'i farwolaeth, sef pwerau'r nos a gynrychiolir gan y Tair Gwrach a Hecate yn fwyaf arbennig. Fel hyn y mae Hecate, sef duwies Roegaidd ysbrydion a gwrachyddiaeth, yn disgrifio Macbeth:

> ... un mab sydd yn afradlon,
> Sbeitlyd, llawn cynddaredd; sydd, fel llawer un,
> Nid yn eich caru chi, ond yn caru'i les ei hun.

Ond y mae'r afradlon hwn, yr un sy'n lladd yr hen ŵr y Brenin, ac un sy'n trefnu fod gwragedd a phlant yn cael eu llofruddio, hefyd yn gallu myfyrio'n ysgytwol ar ei ystad ei hun ac ar ystad y ddynol ryw yn gyffredinol. Dyma'r geiriau enwog y mae'n eu llefaru tua diwedd ei yrfa fydol a thua diwedd y ddrama:

Yfory, ac yfory, ac yfory
Sy'n ymlusgo ar y cyflymdra pitw hwn
O ddydd i ddydd, hyd sillaf olaf
Amser cofnodedig; ac y mae ein doeau
Ni bob un wedi g'leuo'r ffordd
I ffyliaid hyd at angau llychlyd.
Diffodd, diffodd gannwyll fechan!
Nid ydi'n bywyd ni ond cysgod
Sydd yn cerdded, actor truan
Sy'n torsythu a gofidio ei orig
Ar y llwyfan, na chlywir dim amdano wedyn.
Chwedl yw hi a adroddir gan ynfytyn,
Yn llawn o sŵn, yn llawn rhyferthwy:
Yn golygu dim.

Y mae grym y geiriau'n deillio o'r ffaith fod amryw byd ohonom wedi teimlo fel hyn ar ryw adegau dwys yn ein bywydau, heb fod yn rhaid inni deimlo fel hyn drwy'r adeg. Rydw i'n cofio'r dramodydd Eugène Ionesco yn ymweld â Bangor flynyddoedd yn ôl – efô a Samuel Beckett oedd y ddau ddramodydd mwyaf amlwg yn yr hyn a elwid yn Theatr yr Abswrd – a'r hyn a wnaeth Ionesco ar ddechrau ei sgwrs oedd dweud nad oedd dim yn newydd yn ei agwedd o at bethau, gan ddyfynnu'r darn uchod o *Macbeth* i gadarnhau hynny.

Newidiwn y drafodaeth yn awr. Yn 1968, ar Deledu Harlech, fe gyflwynwyd ffars gen i o'r enw 'Lliw'r Delyn', wedi ei chyfarwyddo gan Huw Davies. Un dyn yn gweithredu i rwystro merch rhag sicrhau swydd trwy iddi hi ganfasio amdani ydi pwnc y gwaith hwn. Darn o ddihareb ydi'r teitl, sef 'Ni waeth beth fo lliw'r delyn os da'r gainc'. Dangosai'r ddramodig fod y dull o weithredu yn dderbyniol os oedd y canlyniadau'n gyfiawn. Yr hyn sy'n digwydd ydi fod cyfaill i ymgeisydd am swydd athro, trwy ystryw, yn rhoi fodca yn y tebot a'r jygiau llefrith a baratoir ar gyfer y pwyllgor penodi, a bod yr aelodau o hwnnw – yn feddw – yn penodi'r ymgeisydd mwyaf priodol yn lle'r ferch yr oedd y swydd wedi'i threfnu ar ei chyfer.

Y cof mwyaf trawiadol o'r cyfan i mi ydi un o Ellen Roger Jones, llwyrymwrthodwraig, ar y pwyllgor penodi efo'i het ar sgi-wiff yn actio fel petai'n feddw yn gwbwl athrylithgar. Er nad oedd gen i neb penodol mewn golwg efo'r un o'r cymeriadau, fe gefais amryw o wahanol rannau o Gymru'n dod ataf o bryd i'w gilydd wedyn yn dweud, 'Mi wn i pa reolwraig ysgol oedd gen ti dan sylw yn fan'na!' Fe gofiaf fod Huw Davies yn defnyddio neuadd ym Mangor ar gyfer rhai golygfeydd, a phan es i i lawr yno i weld sut yr oedd pethau'n bwrw ymlaen, roedd yno ŵr ifanc wrthi'n gosod llinellau ar y llawr i'r actorion wybod ymhle i sefyll. Meic Povey oedd y gŵr ifanc hwnnw, yn dechrau ar ei yrfa theatrig a theledol.

Fe gyfarwyddodd Huw Davies fersiwn drawiadol (un rheswm am hynny oedd fod y Blaenau yn lle sy'n hoffi cael tynnu ei lun) o'm cerdd 'Blaenau' ar gyfer Teledu Harlech hefyd. Wn i ddim i ble'r aeth y copïau o'r ddau gynhyrchiad hyn, ond pan oedd yna eitem newyddion o'r Blaenau ar Deledu Harlech ar un adeg mi fyddwn yn gallu dweud mai rhai o'r saethiadau a'r lluniau wedi eu tynnu allan o fersiwn Huw o'r gerdd oedden nhw.

Yn 1963, mi ddeuthum yn f'ôl i Goleg y Brifysgol ym Mangor fel aelod o staff yr Adran Gymraeg. Yn 1968 fe'm comisiynwyd gan Bwyllgor Drama Eisteddfod Genedlaethol Fflint, 1969 i ysgrifennu gwaith ar gyfer y theatr. Fe dderbyniais y comisiwn – er bod Huw Lloyd Edwards, y dramodydd, yn tynnu fy nghoes gan ddweud ei fod o, rŵan, am ddechrau sgrifennu barddoniaeth. Roedd y gwaith, *Amser Dyn*, wedi ei orffen erbyn Medi 1968, ond ni pherfformiwyd o yn yr Eisteddfod oherwydd anawsterau. Fe'i perfformiwyd wedyn gan Gymdeithas y Ddrama Gymraeg, Coleg y Brifysgol, Bangor yn nhymor y Pasg 1970, gyda John Gwilym Jones yn cyfarwyddo. Fe'i perfformiwyd

Tiwtoriaid a myfyrwyr Rhandy Neuadd Reichel, Bangor, 1963–64

John Gwilym Jones – wrth fwrdd y gegin y byddai'n cyfansoddi

hefyd yn ystod Eisteddfod Genedlaethol Cricieth, 1975 gan fyfyrwyr Coleg y Brifysgol, Aberystwyth, gydag Emily Davies yn cyfarwyddo. Fe ddywedodd John Gwilym wrthyf, gyda'i onestrwydd artistig arferol: 'O ran llefaru, ni oedd y gorau; o ran llwyfannu, Aberystwyth.'

Alun Ffred (John Jones) a Siân Miarczynska (Megan Humphreys) yn *Amser Dyn*

Hanes un dyn, efo enw 'Pobun' Cymraeg, fel petai, sef John Jones, o'i eni hyd at ei farw sydd yn y gwaith hwn, gyda chyfeiriadau at bethau a oedd o bwys i mi ar y pryd – ac sy'n dal i fod o bwys imi, petai hi'n dod i hynny. Mewn un olygfa fe ddaeth i'm cof y math o ddadleuon – ond nid yr union ddadl – oedd yn digwydd weithiau pan oeddwn i'n blentyn. Mae'r plant, a chwaraeir, wrth raid, gan actorion mewn oed yn yr olygfa dalfyredig hon, tua chwech oed.

> MARGARET: Rydw i'n gwybod rhywbeth nad ydych chi ddim yn ei wybod.
>
> GERAINT: A 'dydym ni ddim eisio gwybod chwaith, Margiad Leusa ...
>
> MARGARET: O ble mae babis yn dŵad ynteu?
>
> (*Saib. Mae* JOHN *a* GERAINT *yn edrych yn amheus.*)
>
> GERAINT: Mae pawb yn gwybod hynny.
>
> MARGARET: O ble maen' nhw'n dŵad ynteu?
>
> JOHN: Duw, Duw, cer o'ma, Magi Leusa. Cer i chwarae tŷ bach neu rywbeth a gad i ni.

MARGARET: Rydw i'n gwybod.

JOHN: O ble ynteu, os wyt ti mor glyfar?

MARGARET: 'Wna i ddim dweud.

GERAINT: 'Dwyt ti ddim yn gwybod. (*Mae'n troi at* JOHN) Roeddwn i'n meddwl nad oedd hi ddim yn gwybod.

MARGARET: Ydw, mi 'rydw i'n gwybod. Mi ddwedodd fy chwaer fawr wrthyf fi.

JOHN: 'Dydi honno ddim yn gwybod, beth bynnag. 'Dydi honno ddim yn gwybod dim byd.

MARGARET: Mae hi lot yn fwy na chi. Mae hi *yn* gwybod.

GERAINT: O.K. ynteu, o ble y mae babis yn dŵad?

MARGARET: 'Dydi hogiau bach fel chi ddim i fod i wybod.

JOHN: Rydym ni'n fwy na chdi. Rydym ni'n chwech. Pump wyt ti.

MARGARET: Pump a thri chwarter.

GERAINT: 'Dydi tri chwarter ddim yn cyfri. Felly dweda.

MARGARET: Olreit 'te. O folia' merched.

(*Mae* JOHN *a* GERAINT *yn edrych ar ei gilydd ac yna'n dechrau rowlio chwerthin*)

MARGARET: Be' sy?

JOHN: Roeddwn i'n meddwl nad oeddet ti ddim yn gwybod.

MARAGARET: Ond mi 'rydw i *yn* gwybod. O fan'no maen' nhw yn dŵad. Mae Valmai wedi dweud wrthyf fi.

GERAINT: Magi Leusa, mae dy chwaer wedi bod yn gwneud hwyl am dy ben di eto.

MARGARET: Nac ydi ddim.

JOHN: Ydi siŵr iawn. Sut y gallai babis ddŵad o folia' merched? Oes gen ti fabi yn dy fol?

MARAGRET: Nac oes siŵr.

JOHN: Oes gan Valmai fabi yn ei bol?

MARGARET: Nac oes.

JOHN: Dyna fo 'te, nid o fan'no maen' nhw'n dŵad o gwbwl.

MARGARET: O ble maen' nhw'n dŵad 'te?

GERAINT: Rwyt ti'n rhy fach i wybod. Dim ond rheini sy'n chwech oed sy'n cael gwybod.

MARGARET: Hy! Rydw i'n mynd wir, 'dydych chi ddim yn gwybod dim byd.

JOHN: Ie, cer. A dweda wrth yr hurtan o chwaer 'na sy gen ti am sbio a oes ganddi hi fabi yn ei bol.

(*Y ddau fachgen yn chwerthin yn iawn eto. Mae* MARGARET *yn mynd ... Mae yna ysbaid o dawelwch myfyrgar.*)

GERAINT: Wyt ti'n gwybod o ble mae babis yn dŵad?

JOHN: Ydw siŵr, mae pawb yn gwybod hynny.

GERAINT: O ble hefyd?

JOHN: Wel ... ym ... 'dydw i ddim yn gwybod yr holl fân bethau ynte, ond ... y ... rhywbeth i wneud efo adar ydi o.

GERAINT: Ie siŵr. Roeddwn innau wedi clywed mai rhywbeth i wneud efo adar oedd o.

(*Amser Dyn*)

Yn y ddau berfformiad hyn roedd myfyrwyr a ddaeth wedyn yn enwog mewn sawl maes yn cymryd rhan. Yn y perfformiad ym Mangor roedd 'Dafydd Elis Tomas' yn chwarae rhan Henry Bradshaw, dihiryn o wleidydd. Sylw Frank Price Jones am hyn ar y pryd oedd y dylai o fod yn ofalus wrth chwarae rhannau fel'ma os oedd o am fynd yn ei flaen yn y byd gwleidyddol.

Yr oedd yn y gwaith hwn ambell bwt o farddoniaeth. Roedd gen i dipyn o feddwl o eiriau ar y diwedd lle y mae'r prif gymeriad yn hen ŵr mewn gwely mewn ysbyty a Gweinyddes II (sef Enid Parry, pan oedd hi ym Mangor) yn dod ato: ac, a dweud y gwir, yr ydw i'n dal i feddwl o hyd nad ydyn nhw 'ddim yn bad' – fel yr ydym ni'n dweud:

Os gwn i, hen ŵr, be ydi'r haul 'ma i ti,
 cysur ynteu blinder?
Gobeithio'i fod o'n gysur.
Efallai dy fod ti'n cofio dyddiau braf
 pan oedd pethau'n well.
Dyddiau braf yn lle dy fod ti yn fan hyn
 ac yn hen.

Argol mae hi'n braf!
Mae hi'n wanwyn go-iawn heddiw
 ac rydw i'n gweld y coed.
Ac allan yn fan'cw mae 'na bobol o
 gwmpas eu pethau.
A phlant yn chwarae ...
 ac yn ffraeo,
mae 'na ddau wrthi'n cwffio yn fan'cw.

Heno mi fydda' i'n mynd adre'
 ac mi fydd y gwanwyn yn well yn fan'no –
Os na fydd hi'n bwrw.
Ond be' ydi o o bwys os bydd hi'n bwrw.

Nos 'fory mi fydda' i'n dawnsio.
Mi fydd rhai o'r hogiau oedd yn 'rysgol efo fi yno,
 wedi'i dal hi.
Ac yn hy,
Ac yn draed i gyd wrth ddawnsio.
Mi fydd rhywun yn dewis y sobra'
Iddo fo fynd â hi adre'
Os na fydd yno rywun go arbennig.

Ac wrth gerdded adre' mi fydd yr awyr yn
llawn o ryw fywyd rhyfedd.
Fel'na y mae'r gwanwyn ffor'cw …

(Y mae hi'n troi i fynd. Yna'n sydyn yn troi'n ei hôl ac yn rhoi cusan i'r claf.)

(Amser Dyn)

CYMERIADAU A BYR-RANNAU

MAM	*Ann Bowyer*
TAD	*Derfel Roberts*
NAIN .... MERCH IFANC	*Einir Jones*
TAID .... GEORGE GOODFELLOW	*John Pierce Jones*
JOHN JONES	*Alun Ffred*
GERAINT .... CADEIRYDD Y FAINC .... HYSBYSEBWR	*Eifion Lloyd Jones*
MARGARET ELISABETH	*Margaret Elis*
MRS. JONES .... GWEINYDDES I	*Elin Mair Thomas*
GWEINYDDES II	*Enid Parry*
MEGAN HUMPHREYS ...	*Siân Miarczynska*
JEAN BRADSHAW	*Beryl Steeden*
HENRY BRADSHAW	*Ieuan Jones Parry, Dafydd Elis Tomas*
CADEIRYDD	*Gwynne Wheldon Evans*
PETER	*Dewi Tomas Davies*
FRANCES MORTIMER ...	*Elizabeth Roberts*
MRS. WILLIAMS	*Gwenno Lloyd Preis*
HOLWR	*Gwynn ap Gwilym*
DR. SMITH	*Dafydd Elis Tomas*
OFFEIRIAD	*Tomos Prys Jones*
POBOL YR HYSBYSEBION	*Arthur W. Hughes, Pat Evans, June Jones, Tomos Prys Jones, Ken Hughes*
LLEISIAU	*Megan H. Jones, William Lewis*
GOFALWYR LLWYFAN ..	*Michael Bayley Hughes, Edwina Williams*
CYNORTHWYWYR	*George L. Jones, Ken Williams, J. Glyn Parry*
GOLEUADAU	*Alwyn Owens, D. Alun Owen*
CYNHYRCHYDD	*John Gwilym Jones*
IS-GYNHYRCHYDD	*Meirion Edwards*

Y mae'r gwaith hwn yn dechrau gyda Llais yn dweud y gair 'Ie', cadarnhaol, ac er nad ydi darnau o einioes y John Jones yma wedi bod yn odidog o bell ffordd, pan ddaw tywyllwch marwolaeth drosto y mae o'n llefaru un gair, 'Nage', negydd sydd yn dweud yr un peth â'r 'Ie' cadarnhaol am fywyd a geir ar y dechrau.

Yn niwedd Chwedegau'r ganrif ddiwethaf roeddwn i ac eraill wedi sylweddoli, os oedd cyrsiau ar y Ddrama i gael eu cyflwyno trwy gyfrwng y Gymraeg y byddai angen amryw byd o gyfieithiadau o ddramâu pwysig Ewrop: dyna gychwyn y gyfres o gyfieithiadau a gyhoeddodd Gwasg Prifysgol Cymru, sef Y Ddrama yn Ewrop, cyfres a ddatblygodd yn gyfres Dramâu'r Byd wedyn. Fy argyhoeddiad mawr i, fel y soniais yn barod, oedd mai annheg fyddai disgwyl i actorion a phobol y theatr Gymraeg ddatblygu fel y dylid heb fod ganddyn nhw nifer o brif destunau'r theatr ar gael iddyn nhw yn Gymraeg, a bod angen i fyfyrwyr o actorion ddod i arfer llefaru geiriau rhai o ddramodwyr mawr y byd. Y mae angen ymarfer trylwyr i wneud hynny, achos geiriau ydi'r pethau sylfaenol yng ngweithiau'r dramodwyr hyn, ac nid giamocs – 'giamocs' ydi'r gwrthwyneb i weithgarwch theatrig arwyddocaol.

Mi welais gyflwyniad rhagorol o ddrama anodd Beckett *Diwéddgan* (*Fin de Partie*) gan griw amatur o Glwyd yn ystod Eisteddfod Genedlaethol Bangor, 1971. Cafwyd cynhyrchiad gwych gan Theatr Genedlaethol Cymru yn ddiweddarach. Roeddwn i, yn ddistaw bach, braidd yn amheus a ddylai'r Theatr Genedlaethol fod yn cyflwyno'r ddrama arbennig hon i'r cyhoedd yn gyffredinol gan ei bod hi'n un anodd ac yn un y mae ei golwg ar fywyd yn un tra llwm. Yn anffodus, fe sicrhaodd un Beckett-gasäwr ymlaen llaw fod y ddrama wedi ei chondemnio cyn i unrhyw berfformiad ddigwydd, ond fe'm siomwyd i o'r ochor orau gan y cynhyrchiad deallus iawn a theimladwy iawn a gafwyd. Beth bynnag arall ydi hon y mae hi'n ddrama sy'n peri i rywun feddwl am fywyd – cytuno â'r dramodydd neu beidio. Y mae yna ryw dristwch affwysol yn rhai o'i geiriau:

> CLOV: Rydw i'n holi'r geiriau sy ar ôl – cwsg, deffro, hwyr, bore. Does ganddyn nhw ddim i'w ddweud. (*Saib*) Rydw i'n agor drws y gell a mynd allan. Rydw i mor grwm fel nad ydw i'n gweld dim ond fy nhraed, os ydw i'n agor fy llygaid, a rhwng fy nghoesau dipyn o lwch du. Rydw i'n dweud wrthyf fi fy hun fod y ddaear wedi diffodd, er na welais i erioed moni wedi'i goleuo ...
>
> (*Diwéddgan*)

Fe ddywedodd y llenor o America, Gore Vidal un tro fod pob ysgrifennwr wedi ei eni gyda chwmni drama yn ei ben – gan olygu fod yna greu fersiynau gwahanol o un cymeriad sylfaenol mewn gwahanol ddramâu neu nofelau. Yr oedd gan Shakespeare, meddai, tuag ugain cymeriad yn ei ben, Tennessee Williams tua phump, a Samuel Beckett un – ac efallai glôn o hwnnw. Diddorol!

8
BYD ADDYSG

Fe'm haddysgwyd i yn Ysgol Maenofferen (1941–1948, cynradd ac elfennol), Ysgol Ramadeg Ffestiniog (1948–1954; fe drodd yn Ysgol y Moelwyn tua 1952), Coleg y Brifysgol, Bangor (1954–1959), a Choleg Iesu, Rhydychen (1959–1962). Gan fy mod i wedi sôn am hyn i gyd mewn man arall, 'wnaf fi yma ond cyfeirio at rai amgylchiadau arbennig, 'llenyddawl'. Dowch inni ddechrau trwy fynd yn ôl i ddosbarth yr Ail Chweched yn yr ysgol uwchradd: roedd nifer o hogiau dwy flynedd y 'Chweched' yn ystafell yr hogiau yn trafod, a hynny'n wirioneddol ddifrif:

> ... ddeniadau cnawd a gogoniannau genod –
> Yr hyfrydwch, y dirgelwch
> Cyfriniol, ond odid, a ydoedd
> Yn hanfod benyweidd-dra.
>
> A dyma pryd y treiddiodd
> Sylw Les Jones, fe dybiem, drwodd
> At gnewyllyn yr enigma.
> 'Tynn di,' meddai o wrthyf fi,
> 'Tynn di oddi ar unrhyw ferch
> Ei sodlau uchel hi ac yr wyt ti
> Yn tynnu oddi arni hi
> Dri chwarter ei hapêl-hi.'

Fe allaf weld, rŵan, y difrif feddwl yn yr ystafell honno ar ôl i Les lefaru:

> Taer ystyriwyd ei eiriau,
> Pendronwyd uwch eu hoblygiadau;
> Cytunwyd, yn unfrydol penderfynwyd
> Mai uchelder sodlau eu hesgidiau,
> Dyna ydoedd – a 'doedd dim amau –
> Cyfrinach hudoliaeth merch, yr anhraethadwy hanfod
> Mor amgyffredadwy ag oedd modd iddo fod.
>
> ('Hanfodol', *Darllen y Meini*, 1998)

Wrth imi gofnodi'r digwyddiad hwn beth 'welais i yn *The Times*, 20 Tachwedd 2014 ond pennawd yn dweud 'High-heeled girls don't need to stoop to conquer'. O dan y pennawd yr oedd adroddiad gwyddonwyr yr Université de Bretagne-Sud yn nodi manteision sodlau uchel i ferched, a dyfyniad gan neb llai na Marilyn Monroe: 'I don't know who invented high heels, but all women owe him a lot'. Yr oedd Les Jones, yn wir, wedi'i gweld hi.

Yn y flwyddyn academaidd 1957–1958, ym Mangor, roedd Geraint Stanley Jones, a ddaeth wedyn yn Rheolwr BBC Cymru, ac ar ôl hynny yn Brif Weithredwr S4C, yn Olygydd y rhan Gymraeg o bapur y myfyrwyr, sef *Forecast a'r Dyfodol.* Fe gefais fy machu ganddo i fod yn lifftenant iddo fo, a chael fy nanfon i gyfarfodydd yn un swydd er mwyn ysgrifennu adroddiadau amdanyn nhw. Hyn oedd fy mhrentiswaith ar gyfer dod yn Olygydd fy hun y flwyddyn ganlynol, a John Meirion Davies yn fath o lifftenant i minnau. Yn ystod fy nghyfnod i fel Golygydd yr ysgrifennodd Golygydd Saesneg y papur, Michael Williams erthygl ddeifiol am y coleg dan y teitl 'A Hole in Wales', erthygl a gafodd gryn gyhoeddusrwydd. Fe atebais i'r erthygl honno yn Gymraeg, ac fe fu eraill, megis John Idris Jones a Nia Powys, yn ymaflyd codwm â'r brawd hefyd. Yn y diwedd bu'n rhaid imi ysgrifennu llythyr Saesneg

Harri Owain Jones (yn y cefn); yr ail res: Rebecca Edwards, Rhiannon Williams, Olwen Jones, fi, Elen Jones, Myra Rowlands a Marian Thomas; rhes flaen: Geraint Stanley Jones, John Emrys Williams a Goronwy Prys Owen

i'r papur lle'r oeddwn i'n sôn fod fy nghyd-olygydd yn dueddol o gael – fe gofiaf y geiriau – 'apopleptic seizures when anyone has the audacity to disagree with him'. Amser difyr.

Yn ystod y cyfnod hwn yr ysgrifennais i stori sioclyd, sef 'Wat (M.C.)', y cyhoeddodd John Rowlands fersiwn ohoni hi yn rhifyn cyntaf cylchgrawn Cymraeg y coleg, sef *Ffenics* (Cyfrol 1, Rhif 1). Fe gefais fy waldio am y stori arbennig hon gan Sodlau Segur mewn rhifyn o'r *Genhinen*. Y Sodlau Segur hwn oedd un a ddaeth yn gyfaill pybyr imi yn y man, sef R. Tudur Jones. Fe lambastiais innau y Sodlau (a alwyd gennyf yn *SS*) wedyn. *Happy days!* fel y byddai Samuel Beckett yn dweud.

I'r cyfnod hwn hefyd y mae'r stori 'Jim', a ysgrifennais am jolpyn ymhonnus o fyfyriwr Cymraeg a'i berthynas â myfyrwraig o Wigan, yn perthyn. Fe gyhoeddwyd y campwaith hwn yn *Taliesin* 16. Fel hyn y mae'r stori yn dechrau:

> Jim Ewrop oedd ei enw, ond 'Carrots' y gelwid ef gan bawb ond ei athrawon yn y coleg. Llynghyryn hirwelw a chanddo

> wallt mor loywgoch â Jiwdas – yr Iscariot – yw arwr y stori hon. Yr oedd ganddo wyneb cul, hirfyfyrgar fel bleiddgi Rwsiaidd a llais cras, gwichlyd braidd, yn enwedig pan fyddai wedi'i gynhyrfu.

Y mae Jim yn ei ystyried ei hun yn 'ddeallusyn', ac yn un sy'n awyddus i Gymry ehangu eu gorwelion, a bod – fel yr awgryma ei enw – yn Ewropeaidd eu diwylliant, gan ymwadu â phethau fel gwerthoedd Anghydffurfiol:

> Gwyddai ambell air Lladin, er nad oedd ganddo syniad sut i ddarllen a deall dau air o'r iaith honno ynghyd. Ond gan nad oedd ei gyfeillion ddim callach o glywed 'mea culpot' hwyliai ddyfroedd yr hen oesoedd gyda hyder Aeneas. Saunders Lewis oedd ei arwr mawr er nad oedd wedi darllen y ganfed ran o'i waith ac nad oedd wedi deall lawn cymaint â hynny. R. Williams Parry oedd bardd mwyaf Cymru, meddai fel oracl. Nid oedd ei glywed yn dweud hyn yn rhyfeddod o gwbl gan mai *Cerddi'r Haf* oedd un o'r ychydig lyfrau barddoniaeth Gymraeg yr oedd wedi'i ddarllen. Gwnaeth hynny am ei fod yn digwydd bod yn llyfr gosod ar gyfer arholiad Safon Gyffredin y Cydbwyllgor Addysg Cymreig pan safai ef yr arholiad hwnnw.

Y mae myfyrwraig o artist o Wigan, Sheila Shockproof, yn syrthio mewn cariad ag o – o ryw fath:

> Cyn bo hir yr oedd y ddau'n canlyn fwy neu lai'n selog. Nid oedd dim yn rhyw Ewropeaidd iawn ynghylch Shockproof – ar wahan, efallai, i'w marchnad gyffredin ar un adeg – a syndod i'w gyfeillion oedd gweld 'Carrots' wedi ymgolli mor llwyr yn ei serch.

Y mae Jim yn honni bod yn dra eangfrydig ac yn dweud pethau fel:

> ... nad oedd y ffaith fod gŵr priod yn gorwedd gyda phob math o wragedd ac, yn ei eiriau ef, 'vice versa', yn rhyfedd o gwbl; oni ddywedasai fod hyn yn hollol normal ac yn seicolegol iach a dyfynnu Freud o'i gyd-destun i brofi hyn yn derfynol?

Ond, mewn gwirionedd, nid dyna oedd ei argyhoeddiad. Y mae'n ymweld â fflat Sheila heb iddi hi fod yn ei ddisgwyl, ac yn mynd i mewn i'r lle tywyll:

> Trawodd yntau ei fys ar fotwm y trydan a llewyrchodd goleuni noeth ar rannau ôl cyffelyb Miss Shockproof. Yr oedd hi a rhyw ddyn yn gorwedd ar yr aelwyd mewn ystum noethlymun yr oedd Ewrop wedi bod yn dyfalu sut yr oedd ei berfformio fyth oddi ar iddo ddarllen amdano yn y *Kama Sutra*. Cododd y ddau pan sylweddolasant fod trydydd person yn yr ystafell.
>
> 'O ... Jim ... Helo ... 'Doeddwn i ddim yn dy ddisgwyl di draw heno ... Ym ... 'dydw i ddim yn meddwl dy fod ti wedi cyfarfod Bert, naddo? Bert, dyma Jim Ewrop. Jim, dyma Bert Bloggs.'
>
> Yr oedd yn amlwg i Ewrop fod Shockproof mewn tipyn o benbleth.
>
> Nid ysgydwodd Ewrop y llaw estynedig. Yn lle hynny gafaelodd mewn pot blodau a luniasai Sheila â'i dwylo ei hun ar droell crochenydd, a thorrodd ef ar ben Mr. Bloggs. Llithrodd hwnnw'n ddiymadferth noeth i ganol gweddillion y pot pridd a mynd yn rhan o batrwm haniaethol yn y darnau a dorrwyd.
>
> (*Taliesin* Rhif 16, 1968)

Y mae'r profiad hwn yn dod â Jim Ewrop at ei goed, ac y mae'n cael gwared â'i fursendod.

Tair gwaith yn ystod f'oes yr ydw i wedi cystadlu yn yr Eisteddfod Genedlaethol, dau dro mewn cystadlaethau rhyddiaith, ac un mewn cystadleuaeth am eiriau ar gyfer opera. Dyma'r tro cyntaf – ar ryddiaith: fe grybwyllir yr ail waith yn nes ymlaen. Roedd 'Jim' yn un o dair stori fer a anfonais i gystadleuaeth yn Eisteddfod Genedlaethol Llanelli, 1956 gyda Hugh Bevan yn beirniadu. Yr oedd y stori ddychanol hon yn fy nharo i fel un ddigon comig. Ond nid felly y trawodd hi Hugh Bevan, ffaith a wnaeth imi ystyried – yn annheg, ond odid – nad oedd ganddo ddim mwy o hiwmor na bricsan. Yma, rhaid imi gofnodi fod hiwmor yn beth cysetlyd iawn: rydw i wedi darllen ambell beth gen i i gynulleidfa a gweld pawb yno yn eu dyblau, a darllen yr un peth i gynulleidfa arall, a chael ymateb gweddus i rai'n gwisgo amdo ac yn barod i gamu i'w heirch ar ddyfodiad yr hers. Felly y mae hi! Yn Eisteddfod Genedlaethol Wrecsam a'r Cylch, 1977 mi ddigwyddais ennill efo libreto opera, 'Lleu', dan feirniadaeth ddoeth y Dr Meredydd Evans – erbyn hyn y mae Dulais Rhys wedi cyfansoddi cerddoriaeth ar gyfer y geiriau.

'Ellis Wynne o'r Lasynys' oedd pwnc fy nhraethawd MA ym Mangor, traethawd a ysgrifennais dan gyfarwyddyd John Gwilym Jones yn bennaf, ond gyda pheth sylw gan yr Athro J. E. Caerwyn Williams. Mi elwais yn rhyfeddol ar y profiad. Yn ystod fy astudiaethau ar gyfer prif lyfr Ellis Wynne, sef *Gweledigaethau y Bardd Cwsg* (1703), gwaith dychanol mewn tair gweledigaeth, ac un o'r rheini'n 'Weledigaeth Uffern', fe gefais gyfle i ddarllen rhai testunau perthnasol yn drylwyr iawn, gan gynnwys rhesi o lyfrau rhyddiaith Cymraeg cyn amser Ellis Wynne. A hefyd weithiau am fyd breuddwydion, Uffern, a'r Byd Arall, gan ddechrau gydag ambell destun Clasurol fel *Aeneid* Vergil, a mynd ymlaen i weledigaethau crefyddol o'r Oesoedd Canol; *Divina Commedia* (Comedi Ddwyfol) Dante; ac un o'r testunau pwysicaf cyn belled ag yr oedd Ellis Wynne yn y cwestiwn, *Los Sueňos* (Breuddwydion)

Quevedo, gan bydru trwy rai dyfyniadau mewn Sbaeneg; *Paradise Lost* John Milton, a rhesi o ddefnyddiau Saesneg gweledigaethol o'r ail ganrif ar bymtheg, gan gynnwys cyfieithiadau o waith Quevedo. Hyn ynghyd â chlasuron o weithiau dychanol cydnabyddedig. Fe wnaeth yr astudio hwn les mawr i mi. Yn y man fe gyhoeddwyd ffrwyth y llafur hwn fel *Y Bardd Cwsg a'i Gefndir.*

Cyn imi ddechrau ar yr ymchwil hwn yr oeddwn i wedi cymryd at y dychanwr mawr hwnnw o Wyddel, Jonathan Swift, a'i *saeve indignatio* (cynddaredd chwyrn) y cyfeiriodd o'i hun ato i'w roi ar ei garreg fedd. Un o'i weithiau sy'n trywanu hyd at waed ydi ei *Modest Proposal for Preventing the Children of Poor People in Ireland from being a Burden to their Parents or Country, and for Making them Beneficial to the Public* (1729), lle y cynigir mai'r ffordd i wella sefyllfa'r tlodion yn Iwerddon ydi trwy fwyta babanod. Cyflwynir y cynnig mewn modd cwbwl resymol a rhesymegol, gan anwybyddu ei anferthwch arswydus. Dyma'r enghraifft o ddychan fwyaf deifiol y gwn i amdani gan yr un awdur, ynghyd â phedwerydd llyfr *Gulliver's Travels*. Fe gafodd y pamffled hwn a'r holl ddychan y bûm yn ei ddarllen yn sicir ddylanwad arnaf fi. Er enghraifft, yn y llyfr *Bronco*, y mae yna stori sy'n dwyn y teitl 'Ffrancenstein Taliesin Ifas', lle y mae'r prif gymeriad, yn groes i'w ewyllys, yn newid i fod yn hwn a'r llall tan ddiwedd y stori. Dyna pam y galwyd o wrth yr enw sydd iddo. Creadur wedi ei greu gan Ffrancenstein, un nad oedd yn fo'i hun oedd y creadur hwnnw'n wreiddiol, ond ein bod wedi dod i'w alw fo gerfydd enw ei grëwr. A gallai'r Taliesin chwedlonol ei droi ei hun yn wahanol bethau. Un o'r cymeriadau y mae Ffrancenstein Taliesin yn cael ei droi iddo ydi Jonathan Swift, a dyma ydi'r pwt y mae o'n ei sgrifennu fel Swift:

> 'Cynnig Rhesymol i Rwystro Pobol Anferthol Dew y Gorllewin rhag Bod yn Fwrn ar eu Llywodraethau a'u Gwledydd':

Y mae'n drist i unrhyw un sy'n crwydro strydoedd Prydain neu Unol Daleithiau'r Amerig sylwi ar y nifer tra sylweddol o'u pobol sydd yn stryffaglyd o dew. Y mae'n bwnc sy'n cael sylw cyson yn ein papurau newydd ac ar raglenni teledu. Prif fyrdwn y sylwedyddion ar y pwnc hwn yw mor gostus a threulgar ydyw'r cyfryw rai ar systemau iechyd y gwledydd. Gellid, yn ddiau, ddadlau fod y tewion hyn yn hybu'r economi wrth iddynt bwrcasu bwydydd yn eu gwledydd, ond y mae economegwyr craff yn dangos yn ddigon eglur fod y pwysau ar economïau yn goresgyn unrhyw fanteision i'r farchnad fwyd. Ni lwyddodd unrhyw lywodraeth, hyd yn hyn, i setlo'r broblem wirioneddol ddyrys hon.

Dros rai blynyddoedd yr wyf fi wedi myfyrio'n ddwys ar y mater dan sylw, ac yr wyf yn awr am gynnig ffordd o ddatrys y broblem ac, ar yr un pryd, gynorthwyo i fwydo'r rhan helaeth honno o boblogaeth ein byd sy'n byw ar ei chythlwng ac y sydd, bob hyn-a-hyn, yn newynu i farwolaeth, gan achosi cryn ofid i drigolion ein gwlad ni, er enghraifft, am fod gofyn iddynt hwy fynd i'w pocedi i geisio ysgafnhau beichiau'r Trydydd Byd.

Yr hyn sy'n rhwym o daro unrhyw berson rhesymol yw y gellid allforio'r tewion trafferthus ar gyfer bwydo'r anffodusion mewn gwledydd llwm. Gellid gwneud hyn mewn un o ddwy ffordd, sef trwy eu cario yn fyw i'r gwledydd pell mewn loriau, fel y gwneir nid yn anfynych gydag anifeiliaid. Gwir fod amryw ddinasyddion yn cwyno am y dull hwn o allforio anifeiliaid gan ei fod, yn eu barn hwy, yn ffordd greulon o drin creaduriaid direswm – trwy eu hel yn heidiau tynn yn ei gilydd heb ddigon o le i symud, bwydo nac ymwagio. Eithr maentumiaf na fyddai unrhyw wrthwynebiad cyffelyb i gario pobol. Mantais y dull hwn o gario yw y byddai'r llwyth yn cyrraedd pen ei daith, yn lluddedig efallai ond yn fyw, ac yn barod i gael ei ladd ar gyfer y farchnad yn y pen arall. Yr ail ffordd o allforio yw lladd yn y pen yma – a thrwy hynny ychwanegu at y nifer o swyddi sydd gennym mewn lladd-dai, ystyriaeth nid ansylweddol o safbwynt yr economi – a chario'r llwyth i ben ei daith wedi ei rewi.

Yr wyf yn barod i gydnabod na ddylid cynnig y bwyd newydd hwn i newynedigion yn ddihyfforddiant. Byddai'n rhaid addysgu eu cigyddion hwy yn y lle cyntaf, a thrwyddynt hwy y cyhoedd drwyddo-draw, i adnabod gwahanol rannau y carcas a sut i fynd ati i'w coginio yn y modd mwyf llesol – rwy'n cymryd yn ganiataol mai anghymwynas â thrueiniaid sydd yn wan o ddiffyg maeth fyddai rhoddi iddynt gig cryf ar y dechrau. Byddai'n rhaid dechrau gyda rhai ffeithiau sylfaenol amlwg, megis y bydd gwahanol flas ar wahanol bobol am eu bod wedi bwyta gwahanol fwydydd, yn union fel y mae gwahanol flas ar, er enghraifft, ddefaid a fagwyd mewn porfeydd o fewn golwg y môr a'r rhai a fagwyd ar fynydd-dir. Bydd, yn ddiamau, wahanol flas ar rywun a fu'n berson a frasaodd ar ymborth cyllell a fforc i rywun a fu'n fwy parod â llwy bwdin. Rhaid cofio, hefyd, ei bod yn ffaith gydnabyddedig fod y rhai hynny sydd yn hŷn yn debyg o fod yn fwy gwydyn na'r rhai iau. Mantais fawr i'r bwytawyr fydd gwybod rhai ffeithiau sylfaenol am wahanol rannau o'r carcas, a pha rannau ohono sydd yn fwyaf maethlon. Bydd prisiau y gwahanol rannau, wrth reswm, yn awgrymu gwerth eu maeth. Eithr wrth sôn am brisiau fel hyn, rhaid gofalu na fydd unrhyw ran o'r carcas yn ddrud i'r prynwyr oherwydd, wedi'r cyfan, cael gwared o nwydd cwbwl ddiwerth ar gyfer y farchnad gartref y bydd y gwerthwyr. Buddiol fyddai hyfforddi'r prynwyr fod cig y lwynau, ystlys las, a stecen ffiled yn llawer gwell na choes las neu gig y gwddw.

Wedyn, bydd yn rhaid paratoi llyfrau yn ieithoedd y gwerthwyr, yn ôl yr hyn a gymeradwyir gan y rheini sy'n arbenigwyr ar farchnata, i ddysgu'r bwytawyr sut i goginio'r gwahanol rannau er mwyn cael y budd mwyaf a'r blas gorau ohonynt. Dyweder mai tew ifanc sydd i'w drin: fel y gwneir gyda lloi, er enghraifft, fe ellid paratoi pen wedi'i ferwi heb y croen, yn null *Tête de veau à la Maître d'Hôtel*, dyweder. Yn gyntaf dylid nodi'r holl ddefnyddiau angenrheidiol:

Y pen, dŵr, ychydig halen, 4 llond llwy de o ymenyn wedi'i doddi, 1 llond llwy de o bersli wedi ei dorri'n fân, pupur yn ôl chwaeth y bwytawr, 1 llond llwy de o sudd lemwn.

Yna dylid egluro'n union sut y mae mynd ati i goginio:

Ar ôl glanhau'r pen, a thynnu'r ymennydd ohono, gadewch iddo socian mewn dŵr i'w wynnu. Gosodwch yr ymennydd hefyd mewn dŵr cynnes i socian, am ryw awr. Rhoddwch y pen mewn padell-stiwio, gyda digon o ddŵr oer i'w orchuddio. Pan fydd yn berwi, ychwanegwch fymryn o halen. Tynnwch ymaith bob darn o sgum fel y mae hwnnw'n codi i wyneb y berw, a berwch y pen nes y bydd yn dyner. Berwch yr ymennydd, ei falu'n fân, a'i gymysgu ag ymenyn wedi ei doddi, persli wedi ei falu, pupur a halen, a sudd lemwn, yn ôl y chwaeth. Codwch y pen o'r badell, blingwch y tafod, a'i roi ar ddysgl fechan, gyda'r ymennydd o'i gwmpas. Taenwch dipyn o bersli ac ymenyn dros y pen. Y mae'n briodol iawn i weini'r cig hwn gyda rhannau o'r crwper wedi eu ffrïo.

Fe gymer y cyfan rhwng awr a hanner i ddwyawr i'w baratoi, ac fe fydd yn ddigon i saith neu wyth o fwytawyr.

O ddilyn y dull o weithredu yr wyf yn ei argymell yn fy nghynnig hwn yr wyf yn gwarantu y byddai Gwasanaeth

Iechyd ein gwlad wedi ei chwyldroi er gwell ymhen tua thair blynedd, ac y byddai nifer y tlawd a'r newynog yn y Trydydd Byd yn lleihau fesul wythnos.

A rhag i neb dybio mai er fy lles fy hun yr wyf yn gwneud y cynnig hwn, yr wyf yn sicrhau pob aelod o'r cyhoedd nad oes neb o'm teulu i yn ddigon corffol imi fedru elwa o werthu unrhyw un ohonynt. Maentumiaf yn ostyngedig a chywir mai lles y cyhoedd yn unig a'm symbylodd i ddod â'r cynnig hwn i'w sylw.

(*Bronco*)

Yn Rhydychen, pan oeddwn i yno'n gweithio ar fy nhraethawd doethuriaeth ar y traddodiad barddol yn yr ail ganrif ar bymtheg, roedd yna gymdeithas braf o fyfyrwyr. Daeth amryw byd ohonyn nhw'n aelodau gwerthfawr o'n Cymru ni yn nes ymlaen. Enw'r gymdeithas Gymraeg yno oedd Cymdeithas Dafydd ap Gwilym, cymdeithas a fyddai'n cyfarfod yn ystafelloedd gwahanol aelodau mewn gwahanol golegau – dan eu 'nenbren', fel y dywedid. Yn 1986 gofynnwyd i mi ac eraill geisio crynhoi'n hatgofion am y gymdeithas honno. Gan gofio fod yna afonydd, Isis a Cherwell, yn llifo drwy'r ddinas a bod yn hoff gan lawer o fyfyrwyr fynd arnyn nhw yn y llestr a elwid yn 'pỳnt', roeddwn i'n meddwl mai trwy gyfeirio at hynny oedd y ffordd orau i ddod â'r sylwadau i ben:

> Blynyddoedd byr i bawb ydi'r 'Dafydd', cymysgedd hyfryd o'r gwamal a'r difrif, ac o letchwithdod hyfryd a diarwybod llencyndod. Ysbaid ydyw – o mor fyr – dan nenbren wrth fynd heibio, ac adeg o greu cofion a chyfeillion. Taith dros dro mewn pỳnt ydyw ar yr hen afon werdd honno sy'n llifo'n ddi-droi'n-ôl i dragwyddoldeb mawr. Neu rywbeth yn debyg i hyn'na.
>
> (*Cofio'r Dafydd,* Tŷ John Penri, 1987)

Cymdeithas Dafydd ap Gwilym, Rhydychen, tua 1960. Dyma'r rhai y bu imi gysylltiad â nhw ar ôl gadael Rhydychen.
(O'r chwith i'r dde) Rhes gefn: 6 Geoffrey Kilfoil; 8 Walford Davies; 9 William Aaron; 10 Gerald Morgan; 13 Prys Morgan
Rhes ganol: 1 John Daniel; 8 Dewi Z. Phillips; 10 Rees Davies
Rhes flaen: 2 John Tudno Williams; 3 Roy Thomas; 4 Owen Roberts; 5 Hywel Lloyd; 6 Yr Athro Idris Foster; 7 Meirion Edwards; 8 fi ydi hwn; 9 Bruce Griffiths; 10 William Huw Pritchard; 11 Kenneth Lintern

Un diwrnod yn Rhydychen roeddwn i'n dod o'r Stryd Fawr (yr *High*) ac yn cymryd y tro, wrth wal coleg All Souls (yr Holl Eneidiau), o honno am Lyfrgell y Bodley pan fu bron imi fynd yn batj i frawd, yn ei slipas, oedd yn brysio i lawr o'r cyfeiriad hwnnw. Pwy oedd o ond y bardd W. H. Auden, a oedd yn Athro Barddoniaeth yn y brifysgol yn y cyfnod hwnnw. Wedyn cefais dipyn bach o'i hanes yn Rhydychen yr adeg yma gan John Gwilym Jones, a gyfarfu academydd o'r brifysgol honno yn y Groeslon, un oedd yn gwybod hanes y bardd. Coleg Christchurch ydi 'Eglwys Crist'; cyfeirir at 'Bair Ceridwen' – Ceridwen ydi'r 'hen annynol, anachubol wrach' (chwedl R. Williams Parry) a oedd yn dduwies yr Awen, yn ôl hen gred y Cymry. Dyma'r gerdd:

Rwy'n cofio'r dydd, ond nid y dyddiad,
Yn Rhydychen ar y stryd,
Ger waliau'r Holl Eneidiau,
Heb fod ymhell o'r lle y byddwn i, un tro,
Yn disgwyl am y bysiau
A deithiai draw am Cowley.

Ar droi rhyw dro yr oeddwn i
A ddôi â mi i'r Bodley
Pan ddaeth y sgrýff 'ma rownd y tro
Fel dyn yn methu stopio.

Stwcyn cydnerth; sigarét;
Wyneb fel eliffant hen;
Rhyw sachaid o ddyn, mewn slipas ...
Wrth gwrs! Hwn, hwn ydi Auden!

Auden yn Rhydychen;
Auden yn hen.
Auden, fel y clywais i wedyn,
A oedd, yn Ystafell Gyffredin
Eglwys Crist, braidd yn dreth
A thipyn yn anhyweth –
Wrthi o hyd yn ailadrodd hen lol
Ac yn rhy fras ei glebran rhywiol,
Dyn y slipas, dyn y slipas a oedd,
Erbyn hynny, braidd yn embaras.

Ond ar hwn, Wystan Hugh Auden,
Dyn y slipas, yr eliffant hen
Yr oedd marc cyfrin yr awen,
Nôd ysol Pair Ceridwen.

('Auden yn Hen', *Wmgawa*)

Myfyrwyr newydd Coleg Iesu, Rhydychen, 1959. Ar ben de'r ail res o'r brig – fi; ar ben de'r drydedd res, Gerald Morgan

9
MYTHAU A SYMBOLAU

Yn fy hunangofiant, *Bywyd Bach*, rydw i wedi cyfeirio at y rhai fu'n darlithio inni fel myfyrwyr, yng Ngholeg y Brifysgol, Bangor, ac yng Ngholeg Iesu, Rhydychen. Gan fod gen i ddiddordeb arbennig mewn mythau a symbolau, mi ddywedaf air am Brinley Rees. Doedd Brinley ddim yn un o draethwyr mwyaf ysbrydoledig Ynys Prydain, ac yr ydw i wedi cyfeirio at ei arfer o sgrifennu nodiadau ei ddarlithoedd mewn cylchoedd ar gefnau amlenni nes creu patrymau a oedd, yn ddiamau, yn adlewyrchu rhai o gyfrin batrymau celfyddyd y Celtiaid yr oedd o'n eu hastudio. Er gwaethaf y cawdel nodiadau a'r traethu hytrach yn fugeiliol – hynny ydi, y duedd i ymlid defaid crwydyr – bob hyn a hyn fe ddeuai yna fflachiadau o weledìad ganddo a fyddai'n goleuo ei faes fel mellt ysbrydoledig. Gellir gweld yr hyn yr ydw i'n ei feddwl mewn mannau yn y llyfr nodedig a gyhoeddodd o a'i frawd Alwyn D. Rees, *Celtic Heritage*. O gael yr ysbarduno achlysurol a oedd yn narlithoedd Brinley mi es ati i ddarllen mwy am fytholeg ac, yn y man, mi drewais ar waith Carl Gustav Jung.

Cyn mynd am adref o'r coleg ar ôl graddio'n BA, rydw i'n cofio mynd i lyfrgell Coleg Bangor a mynd â chyfrol neu ddwy o'r casgliad o'i weithiau efo mi. Fe gafodd ei syniadau am fater yr oedd John Gwilym Jones hefyd wedi ei grybwyll, wrth fynd heibio, sef delweddau architeipaidd, ddylanwad sicir arnaf fi. Yn ôl Jung y mae gennym gynneddf i godi delweddau o'r isymwybod hiliol (nid personol yn unig), sy'n cynnwys cofion miloedd o flynyddoedd. Weithiau fe all y fath ddelweddau fod yn broffwydol. Dyma enghraifft, gan Jung ei hun: yn union ar ôl diwedd Rhyfel 1914–18, meddai, yr oedd yn trin Almaenwyr claf eu meddwl. Sylwodd fod yna ddelweddau arbennig yn codi o'u breuddwydion a oedd yn dweud wrtho fo fod yna ryw ddrwg mawr yn crynhoi yn eu gwlad, a hynny flynyddoedd lawer cyn i Hitler ymddangos o gwbwl: yr oedd y cyfan wedi ei ragfynegi yn nelweddau eu breuddwydion. Ond does dim rhaid i'r delweddau dwfn hyn ragfynegi dim fel yna, wrth reswm.

Un o'r delweddau dwfn ydi y Ffin, lle y mae yna ddau le yn cyfarfod. Y mae'r ddelwedd hon i'w chael yn amryw o'n hen chwedlau ni. Yr enghraifft orau ydi honno o Bedwaredd Gainc y Mabinogi pan mae Blodeuwedd yn perswadio'i gŵr, Lleu i ddangos iddi sut y gellir ei ladd, gan wybod bod ei chariad Gronw Befr o Benllyn yn ymguddio gan afael mewn gwaywffon arbennig, gwaywffon yr oedd Lleu wedi dweud wrth ei wraig sut i'w llunio hi. Y peth cyntaf pwysig i'w gofio ydi fod y ddelwedd o Ffin, neu Ystad Gyd-rhwng dau beth, yn un oedd yn ddwfn yn nychymyg y Celtiaid a'r hen Gymry, ac yn fan hudol. Yr enghraifft fwyaf adnabyddus o hynny ydi'r gred am y nos cyn Calan Gaeaf fod y ffin rhwng y byd hwn a'r Byd Arall ar ei theneuaf yr adeg yma – hyn am fod noson Calan Gaeaf ar y ffin rhwng yr haf a'r gaeaf. Y mae Lleu yn mynd i sefyll fel hyn:

> Ar lan Afon Gynfael, sef ar y ffin rhwng tir a dŵr;
>
> Ag un droed ar gefn bwch gafr ac un droed ar gafn dŵr, rhywbeth yn debyg i fàth, sef ffin rhwng budreddi (bwch gafr drewllyd) a glendid (y bàth);
>
> O dan gromglwyd, sef to ar goesau uwchben y cafn, sef ffin rhwng bod allan a bod i mewn;
>
> Gan ei fod o â'i draed ar y bwch a'r bàth, y mae o ar ffin arall – dydi o ddim â'i draed ar lawr, ond dydi o ddim yn hedfan.

Yn sefyllfa Lleu y mae gennym ni, nid un ystad hudolus, ond nifer ohonyn nhw. Yn ei stad ffiniol, neu Stad Gyd-rhwng gref iawn, y mae Lleu rhwng deufyd, fel petai. Pam ei bod hi'n rhaid iddo fod yn y stad amlffiniol hon cyn y gellir ei ladd? Am mai hen dduw haul y Celtiaid oedd Lleu yn y lle cyntaf. Yn y chwedl y mae o'n ddyn, ond y mae ganddo o hyd rai o nodweddion ei hen fodolaeth fel duw.

Ond, atolwg, ar ôl cael ei daro â'r waywffon dydi o ddim yn cael ei ladd, y mae o'n troi yn eryr. Pam troi yn eryr? Am fod Lleu yn hen dduw'r haul, ac eryr ydi creadur duw'r haul mewn amryw o hen grefyddau. Hynny ydi, y mae Lleu'n cymryd arno agwedd arall arno fo'i hun.

Y mae'r fath ystyriaethau o ddiddordeb mawr iawn i mi. A chan fy mod i wedi fy magu yn ardal y chwedl arbennig hon, yr ydw i'n arbennig o hoff ohoni hi. Y mae yna ryw hud i mi yn y mannau yng Nghwm Cynfal sy'n cael eu henwi yn y chwedl – ac yn y mannau yn y cwm a gysylltir â chymeriadau hanesyddol megis Huw Llwyd a Morgan Llwyd.

Cynfal Fawr, ger Ffestiniog; cartref Huw a Morgan Llwyd

Down yn ôl am ychydig at Jung. Beth ydi symbol? Nid arwydd ydi o: dynodi gwrthrych y mae o wedi ei gysylltu ag o y mae arwydd, fel y mae siâp dyn neu ddynes yn dynodi'r tŷ bach priodol iddynt. Yn ôl Jung y mae symbol yn 'golygu rhywbeth aneglur, dieithr neu beth y mae ei ystyr yn guddiedig inni'. Roedd y mater y mae o'n sôn amdano yma yn gyfarwydd imi cyn imi ddod i wybod am y diffiniad hwn. Cyn belled ag yr ydw i yn y cwestiwn, rhyw wrthrych neu ddigwyddiad sydd, rywsut, yn troi yn rhywbeth heblaw fo'i hun ydi symbol. Dyma enghraifft: fe'm cefais fy hun un tro yn ysgrifennu cerdd am ddamwain car. Yr oedd amgylchiadau'r ysgrifennu hwnnw'n o ryfedd, a dweud y gwir. Un haf, a minnau'n fyfyriwr ym Mangor ac wedi cael benthyg fan fara fy nhad i ddod i nôl fy llyfrau ac ati, mi ddeuthum i Fangor ar hyd Ffordd Glan y Môr. Tua hanner y ffordd ar hyd-ddi mi welwn waed ar y ffordd, a bu'n rhaid mynd drwyddo – fel roedd hi'n digwydd, ci oedd wedi cael ei ladd yno, ac wedi cael ei ladd yn o ddiweddar. Gan fod ffenestri'r fan yn agored mi allwn glywed sŵn y teiars yn mynd trwy'r gwaed oedd heb sychu, profiad digon annymunol.

Rai blynyddoedd yn ddiweddarach, a minnau ar staff y coleg ac yn mynd i gynnal dosbarth nos ym Mlaenau Ffestiniog, roeddwn i'n mynd ar hyd Ffordd Glan y Môr ac i fyny Nant Ffrancon. Ar yr ail dro wedi imi fynd heibio Llyn Ogwen dyma linell i'm meddwl: 'Mae'r gwaed yn goch ar y modur gwyn'. Yn ddiweddarach o gryn dipyn y sylweddolais i fod hon yn llinell nid annhebyg i linell Eben Fardd, 'Môr gwaed ar y marmor gwyn'. Mi gofiais am ddod trwy waed y ci hwnnw flynyddoedd ynghynt. Ond erbyn imi gyrraedd y Blaenau doeddwn i ddim yn cofio'r llinell.

'Wel, dyna hyn'na,' meddwn wrthyf fy hun (mi welwch fy mod i'n dweud pethau doeth iawn wrthyf fy hun o bryd i'w gilydd). Yr wythnos ganlynol, ar fy nhaith i'r Blaenau, ar yr un tro yn y ffordd daeth y llinell yn ôl i fy meddwl, a'r tro hwn mi gofiais i hi. Daeth hon yn llinell gyntaf cerdd am ddamwain ffordd, sef hon:

Fi, Bedwyr Lewis Jones, R. Geraint Gruffydd, Emyr Humphreys (Adran Ddrama). Blaen: John Gwilym Jones, Melville Richards, Brinley Rees. Aelod arall o staff yr Adran sydd heb fod yn y llun ydi Enid Pierce Roberts.

Mae'r gwaed yn goch ar y modur gwyn
Ac Arwyn yn wastraff ar hyd y ffordd.
Ar y metel yn grafion mae darnau o groen;
O gwmpas, picellau gwydyr a gwythiennau,
Rhychau o siwt a chnawd,
Cerrig wal, a'r car arnynt fel sgrech
Wedi'i fferru; aroglau rwber a phetrol.
Ac y mae'r meclin yn llithrig gan einioes.

Rhwygwyd hwn hyd y tar macadam
A'r haearn a'r maen –
Y bachgen byw.
Tywalltwyd y llanc ar y ddaear.
Daeth adnabod i ben yn y deugain llath hyn
Ar ddiwrnod o haul gwanwyn.
Dieithrwyd Arwyn gan angau.

'Clywsom,' meddai'r llais, 'fod damwain wedi digwydd heddiw
Ar y ffordd yn y fan-a'r-fan
Pan aeth cerbyd hwn-a-hwn o'r lle-a'r-lle
I wrthdrawiad â'r clawdd.'

Clywsom ninnau hefyd,
A gwelsom.

('Damwain', *Ysgyrion Gwaed*)

Dyna un gerdd am ddamwain. Yna fe'm cefais fy hun yn ysgrifennu un neu ddwy o gerddi eraill am ddamweiniau ceir, ac mi sylweddolais, 'Mae yna rywun yn ceisio dweud rhywbeth wrthyf fi'. Hynny ydi, yr oedd yr holl ymwneud hwn â damweiniau mewn ceir yn symbol, yn symbol – fel y sylweddolais – o'r hyn a greodd medrau mecanyddol a thechnolegol dyn, sef y car, yn mynd allan o reolaeth dyn ac, yn y diwedd, yn ei andwyo a'i ddifetha fo. Y mae'r peryg hwn gyda ni o hyd.

Gyda llaw, fe ddywedodd athrawes Gymraeg o Bwllheli wrthyf dro byd yn ôl ei bod hi wedi bod yn darllen y gerdd uchod gyda dosbarth ar waelod yr ysgol uwchradd. A dyma hi'n gweld gwedd un eneth fach yn dechrau newid. Dyna un o'r ymatebion gorau'r ydw i wedi ei gael erioed i fy stwff i. Y mae yna ddau achlysur arall o ymateb hynod briodol lle'r ydw i yn y cwestiwn. Digwyddodd y cyntaf o'r rhain mewn cyfarfod o gyflwyniadau gan blant Ysgol y Garnedd mewn teyrnged i mi – dalier sylw – yn ystod Eisteddfod Genedlaethol y Faenol, Bangor, 2005. Eitem olaf y cyfarfod oedd yr hen blant yn canu, yn wirioneddol effeithiol, drefniant cerddorol Gareth Mitford o gerdd gen i dan y teitl 'Cymylau Gwynion', lle'r ydw i'n nodi glasenwau fy ffrindiau ers talwm fel hyn:

Ple heno, Hymji Gým,
Ple heno yr wyt ti?
Ple heno, Ginsi Boi,

A Ger a Mycs a Gwff?
Cymylau gwynion yn y gwynt,
Hen gyfoedion dyddiau gynt.

('Cymylau Gwynion', *Croesi Traeth*)

Daeth hen ŵr ataf ar y diwedd, a dagrau yn ei lygaid, a dim ond ysgwyd fy llaw. Diolch iddo. Yr ymateb olaf y cyfeiriaf fi ato ydi'r ymateb a gefais gan ferch oedd yn sefyll arholiad Lefel 'A' Cymraeg, pan oeddwn i'n arholwr. Yr oedd dwy gerdd led debyg o ran testun wedi eu gosod, un gan Iwan Llwyd ac un gen innau. Dyma'r gerdd honno – yr oedd geiriau oer ieithyddol y darn wedi eu hesbonio, rydw i'n meddwl:

Y geiriau hyn sydd, fe ddichon,
Yn ymglymu, am ryw hyd, yn synau ystyrlon,
Yn cydio'n deimladau neu'n plethu'n feddyliau,
Darfod y maent. Y maent yn darfod.
Y maent, rwy'n gwybod,
Fel dail diystyr
Yn cwympo i'r difancoll mawr.

Ac yn y nos ddienaid
Ni fydd ond isoglosau'r gwynt.
Bydd bywyd yn datod
Yn ffonemau anghynhyrchiol;
Bydd semanteg rhyw fath o fyd yn chwalu
Yn ffonoleg colledigaeth;
Cyn i'r cyfan waelodi
Yn y tawelwch tywyll, terfynol.

Ie ... *So what?*

('Geiriau', *Am Ryw Hyd*)

Yr oedd y gerdd, meddai'r ferch, yn codi ofn arni. A dyna'r ymateb iawn. Gyda llaw, y mae'r llinell olaf yn cynrychioli agwedd y mwyafrif sy'n ddi-hid o unrhyw iaith ac, yn benodol, agwedd y mwyafrif o drigolion y Gymru sydd ohoni at y Gymraeg.

A dod yn ôl at y mater o symbolau. Nodaf enghraifft arall. Fe fuom, fel teulu, yn teithio yng ngogledd-ddwyrain Ffrainc ddwy waith mewn ardal lle'r oedd yna fyrdd o fynwentydd meirwon y Rhyfel Mawr, a'r ddau dro dyma hi'n dod yn niwl tew, gyda rhybuddion ffordd ynghylch hynny. Dylwn ychwanegu fod yna nofel gan Kate Roberts, lle ceir sôn am y rhyfel hwnnw, efo'r teitl eironig *Tegwch y Bore* – nid bod yn rhaid i neb fod yn gwybod hynny.

NIWL
Yr ardal honno,
Gogledd-ddwyrain Ffrainc,
Y ddau dro,
Y ddau dro y bûm i drwyddi
DANGER oedd hi,
BROUILLARD:
Niwl.

Troes tegwch y bore
Y ddau dro,
Troes tywyniadau melyn yr haul
Y ddau dro
Yn niwl y prynhawn.

Niwl llwyd,
Niwl oedd yn mygu golau melyn y car
Fel yr oedd o'n mygu'r heulwen:
Lampau'n diffodd.

Ac o'r niwl hwnnw deuai weithiau
Enwau ac arnynt archollion
Hen ryfel:
Compiègne, Somme,
Mons, Arras, Amiens.
A deuai atom hen farwolaethau
O arwyddion ochrau ffyrdd:
'Yma y mae beddau ...'
A nodid rhifau ac enwau catrodau.
Beddau yn y niwl.

Niwl hen y daith,
Niwl hen,
Hen, hen niwl y ddynoliaeth.

('Niwl', *Am Ryw Hyd*)

Niwl go-iawn oedd gen i dan sylw wrth ddechrau'r gerdd, ond erbyn imi ei gorffen hi roedd y niwl go-iawn hwnnw wedi newid i fod yn rhywbeth arall yn ogystal.

Mae yna un enghraifft nodedig o symbol mewn cerdd gen i, ond symbol y trawodd ein cymydog arno ydi o. Roedd ein teulu ni wedi ymsefydlu ym Mangor yn 1963, yn Lôn y Meillion i ddechrau, cyn mudo i Lôn y Bryn. Roedd ein cymdogion yn Lôn y Meillion, Bangor ar fin mudo. A be welodd Robin (Lloyd Owen), gŵr y tŷ drws nesaf, ond fy mab Ceredig, a oedd tuag wyth oed, yn dringo dros y wal yng ngwaelod ein gardd ni i'w ardd o, achos yn y fan honno roedd yna goeden griafol yr oedd o wedi ei meddiannu. A'i meddiannu i'r fath raddau nes ei fod o wedi ei dringo hi ryw dro a chlymu yno raff yr oedd o'n meddwl y byd ohoni hi. Y diwrnod cyn y mudo, mi ddringodd fy mab y goeden, stryffaglio i ryddhau ei raff, ac yna ei chario hi dros y ffens i'n gardd ni. Fe aeth y weithred hon at galon Robin, achos heb yn wybod iddo'i hun yr oedd Ceredig yn cydnabod fod yna rywbeth yn dod i ben: symbol o hynny oedd tynnu'r rhaff i lawr:

Yr oeddem ni, ers sbelan, wedi bod yn sôn
Am ddiwrnod mudo ein cymdogion.

Nid oedd neb, na ni na nhw,
Yn edrych ymlaen at y mudo hwnnw.

Yr oedd milltiroedd yn mynd i ddifetha
Peth ar bymtheng mlynedd o gymdogaeth dda.

Y mae pellter, heb i neb ddymuno hynny,
Yn rhwym o amharu ar agosrwydd dau deulu.

Yr oedd coeden griafol yng nghongol yr ardd
Yn wyn yn ei thro, yn ddiferion coch yn ei thro,
yn wastad yn hardd.

Y goeden hon, eu heiddo hwy oedd hi
Ond plygai ei brigau dros y ffens atom ni.

Yr oedd hi gymaint rhyngom ni
Nes i un ohonom, yn dair oed, ei meddiannu hi.

Cymaint oedd ei feddiant nes y bu iddo, un dydd,
Gario iddi ei raff werthfawr, a'i chlymu yno trwy ffydd.

Ond yno, yng nghangau llawen y griafolen y bu
Am bum mlynedd dda'n dynodi'r meddiannu.

Hyd nes y daeth y dydd cyn y mudo,
Y dydd cyn rhyw ddiwedd, pryd yr aeth o

Dros y ffens a datod, yn drafferthus, y cwlwm mawr
Canys hwn ydoedd diwrnod tynnu'r rhaff i lawr.

('Diwrnod Tynnu'r Rhaff i Lawr', *Am Ryw Hyd*)

Tra rydw i'n sôn am fyd addysg, rydw i'n meddwl y dylwn i ddweud hyn – bod yna le i ddychymyg, yn ogystal â dysg neu feddylwaith mewn ysgolheictod. Fe nodaf un enghraifft. Yng 'Nghân yr Henwr' sy'n rhan o Ganu Llywarch Hen, lle y mae'r henwr yn cyfarch ei ffon fagal, fe geir yr englyn hwn – diweddarwyd ei orgraff:

> Baglan bren, neud gwaeanwyn.
> Rhudd cogau; golau i gŵyn.
> Wyf digarad gan forwyn.
> [Ffon fagal bren, y mae hi'n wanwyn ... Rwy'n wrthodedig gan forwyn.]

Dydw i ddim wedi diweddaru'r ail linell. Bu llawer o drafod arni, gan gymryd yn ganiataol mai lluosog y gair 'cog', yr aderyn, oedd 'cogau'. Os felly, pam 'rhudd', achos dydi'r gog ddim yn goch? A ydi lliw plu'r gog yn goch ar unrhyw adeg? Bu trafod ar hynny hefyd. Mewn siop jips un noson dyma fi'n dal sylw ar y dyn oedd wrthi uwchben y badell fawr boeth yn ystwyrian y cynnwys: yr oedd ei wyneb o'n goch. Ie!, meddwn i bron yn hyglyw. Nid adar sydd yn y darn o gwbwl, ond 'cogyddion' poeth a choch eu hwynebau, ystyr sy'n cyd-fynd â'r 'cwyn', sef 'gwledd' sydd hefyd yn y llinell: 'Cogyddion yn goch eu bochau, goleuni mewn gwledd'. A dyna fi wedi setlo'r broblem yna – i'm bodloni fy hun, beth bynnag.

Yr ydw i, ers tro byd, wedi ymddiddori ym mythau y Celtiaid, eu crefydd, a'u celfyddyd, peth sydd yn cyd-fynd â'u mytholeg. Y dyddiau hyn y mae'r gair 'myth' yn cael ei gyflwyno fel rhywbeth nad ydi o ddim yn wir. Nid dyna ydi prif ystyr y gair: yr hyn y mae myth yn ei wneud ydi cyflwyno teimladau a gwirioneddau, a'r Gwirionedd trwy ddelweddau sy'n cyffroi'r dychymyg. Byddwn yn arfer cael sgyrsiau eithriadol o ddifyr efo'r diweddar Athro Ellis Evans, awdurdod gwirioneddol ar y Celtiaid a'u byd, am bethau o'r fath. Yr oeddwn

John Meirion Morris wrth ei waith

'Lleu'

i mewn cynhadledd Geltaidd ryngwladol un tro, ac roedd un o'r awdurdodau rhyngwladol-gydnabyddedig ar y Celtiaid a'u celfyddyd yno, Paul-Marie Duval. A dyma fi'n gofyn iddo fo a oedd o wedi holi am ymateb rhai o'r artistiaid enwog oedd yn byw yn Ffrainc i gelfyddyd y Celtiaid, gan feddwl am farn rhywun fel Picasso er enghraifft. 'Non,' oedd yr ateb diddychymyg a gefais. Wel, dyna hwn'na, meddwn i wrthyf fy hun. Roeddwn i'n dal i feddwl sut y buasai artist go-iawn yn ymateb i'r gelfyddyd. Yna, yn un o gynadleddau'r Academi Gymreig a gynhaliwyd ym Mangor mi fûm yn gwrando ar yr artist John Meirion Morris yn sôn am ei waith. Wrth iddo fo esbonio rhywbeth mi gododd ei fraich a'i throi i ryw ystum er mwyn cyfleu'r teimlad oedd mewn rhyw lun neu gerflun iddo fo. Wrth weld hynny, dyma fi'n dweud wrthyf fi fy hun – fel y bydd rhywun, 'Mae'r stwff iawn yn y boi yma,' oherwydd, yn fy mhrofiad i, y mae'r hyn sy'n rhoi bod i gerddi ac ati yn bod yn gryf fel profiad corfforol yn ogystal â meddyliol. Yn y man, dyma John yn dod at Bedwyr Lewis Jones, pennaeth yr Adran Gymraeg ym Mangor ar y pryd, a sôn am wneud ymchwil ar gelfyddyd y Celtiaid. Gan wybod am fy niddordeb i yn y pwnc, dyma Bedwyr yn awgrymu ei fod o'n cael gair efo fi. 'Dyma'r union un yr ydw i wedi bod yn gobeithio'i weld o'n ymddiddori yn y maes,' meddwn wrthyf fy hun. Ac wrtho fo, mi ddywedais, 'Can croeso, John Meirion.'

Fe ddarganfu John nifer o bethau diddorol iawn ynghylch celfyddyd y Celtiaid, gan ddangos mor gyson yr oedd rhai nodweddion yn eu gwaith. Cyhoeddwyd canlyniadau ei ymchwil, *Y Weledigaeth Geltaidd*, yn 2002 gan y Lolfa. O ddod i adnabod John mi fyddwn, ymhen blynyddoedd wedyn, yn mynd i'w weld o yn ei weithdy, ym Mharc Glynllifon, ar un cyfnod. Y mae cerfluniau a lluniau John yn rhai y gellir gweld olion Affricanaidd ar rai ohonyn nhw ac olion Celtaidd ar eraill. Rydw i'n dewis y gair 'olion' yma am nad oes yna unrhyw ddynwared celfyddydau gwledydd neu gyfnodau eraill yn ei waith o, yn enwedig yng nghyfnod ei aeddfedrwydd: efallai y gellid dweud mai creu amryw gerfluniau ac ynddyn nhw rym mytholegol, yr un math o rym ag sydd yna mewn llawer o gelfyddyd y Celtiaid, y mae o. Efallai'n wir fod hyn yn gywirach disgrifiad o'i waith o na mynd i sôn am 'olion' ynddo fo.

Mi fentraf lle nad ydi angylion yn troedio rŵan, a chyfeirio at waith sydd wedi cael effaith andwyol, yn fy marn i, ar gryn dipyn o gelfyddyd ddiweddar. Rydw i'n cyfeirio at y bisfa a osodwyd ar ei hochor gan Marcel Duchamp yn 1917 gan arwyddo'r gwaith fel eiddo 'R. Mutt'. (Awgrymwyd yn ddiweddar mai gwaith y Farwnes Else von Freytag-Loringhoven oedd hwn mewn gwirionedd, gwraig a ddisgrifiwyd fel un 'heb ei llesteirio gan unrhyw gallineb'.) Honnwyd mai gwaith o gelfyddyd oedd hwn – efallai o ran hwyl. Hwyl neu beidio, fe'i hystyriwyd felly gan wybodusion (neu anwybodusion) byd celfyddyd. Y cyfan y gellir ei honni am y gwaith, am 'wn i, ydi ei fod o, o gael ei osod ar blinth, yn tynnu sylw mewn ffordd na fuasai o ddim yn ei swyddogaeth briodol. Beth bynnag am hynny dyma, o bosib, yr enghraifft wreiddiol o 'gelfyddyd syniadol'. Hynny ydi, nid mater o grefft a gallu a gweledigaeth ydi gwaith o gelfyddyd, o angenrheidrwydd, ond mater o gael syniad a gosod, neu hel at ei gilydd ryw wrthrych sy'n tynnu sylw. Does fawr ryfedd fod yna gryn dipyn o sothach mewn celfyddyd ddiweddar.

Yng ngwaith John Meirion y mae yna ryw rym na ellir yn hawdd ei alw yn ddim byd ond grym ysbrydol, crefyddol, defodol ar waith – hynny ydi, grym 'mytholegol'. Yr oedd Dafydd Elis-Thomas yn iawn pan ddywedodd o, wrth agor arddangosfa o waith John yn Llangefni, mai ystum o ddwylo ynghyd a moesymgrymu mewn modd eglwysig oedd yn fwyaf priodol ym mhresenoldeb y gwaith. Hynny ydi, y mae celfyddyd John yn gweithio fel y mae celfyddyd y Celtiaid yn gweithio, fel grym mytholegol sydd yn rhyddhau nerthoedd ysbrydol. Fy argyhoeddiad ynghylch hyn a'm symbylodd i fynd ati i'w holi am ei waith mewn llyfr a gyhoeddwyd gan wasg y Lolfa. Dyma sut y diffiniais hanfod gwaith John yn y llyfr hwnnw:

> Ymdeimlad o rymoedd y tu hwnt i'r hyn yr ydym ni'n ei weld ydi'r ystyr fwyaf priodol [i rym mytholegol]. Yn hyn o beth y mae mytholeg yn perthyn yn agos i grefydd. Y mae celfyddyd o'r fath yn gweithio – yn amal iawn – trwy symbolau neu arwyddion, pethau sy'n eich taro chi'n gryf hyd yn oed os na allwch chi esbonio 'pam' yn iawn. Mi all unrhyw un weld be rydw i'n ei olygu wrth edrych ar y gwaith syfrdanol a luniodd John ar farwolaeth ei fab o a Gwawr, sef Dylan. 'Pietà' ydi ei enw fo. Y mae o'n waith o bwysigrwydd mawr iawn, am ei fod o'n cynnwys gwewyr marwolaeth bersonol iawn, ac – ar yr un pryd – yn cyfleu profiad eithriadol o gariad grymus, sydd yn ein cyffwrdd ni i gyd.
>
> (*John Meirion Morris, Artist*, Y Lolfa, 2011)

'Pietà'

Y benddelw ohonof a luniwyd gan John Meirion

Nid pawb sydd wedi cael delw o'i ben wedi ei lunio gan artist. Dyma fel yr wyf yn cofio'r profiad, yn fy achos i. Fe rydd yr hyn sy'n dilyn, efallai, ryw syniad o John wrth ei waith:

> Yn y cyfnod pan luniwyd y benddelw roeddwn i'n ymweld, o bryd i'w gilydd, â John yn ei weithdy yng Nglynllifon, ac yn sgwrsio gydag o yno gyda'r bwriad o drafod ei waith ... Mi ofynnodd a gâi wneud delw o fy mhen. Rhwng dau feddwl braidd yr oeddwn i, gan y dychmygwn nad peth dymunol fyddai gorfod goddef neb yn syllu, onid yn rhythu, arnaf; heb sôn am gael golwg newydd arnaf fy hun. At hyn, roeddwn i'n deall yn iawn anfodlonrwydd rhai pobol 'gyntefig' (fel y'u gelwir, yn amryfus) i gael tynnu eu lluniau, rhag ofn i rywbeth ddigwydd i'w heneidiau. Ond, yn y diwedd, fe gytunais, a doeddwn i ddim yn ymwybodol o syllu na rhythu gan ein bod ni'n dal ati i sgwrsio am waith John, a chan roi'r byd yn ei le, tra oedd o wrthi'n siapio'r clai. Roedd yn brofiad rhyfedd gweld rhywbeth tebyg i mi'n graddol ymffurfio yn y clai hwnnw – mi ddois i ddeall yn amgenach y geiriau cyrhaeddgar hynny a geir yn Genesis am ddyn yn cael ei 'lunio o bridd y ddaear', ac i feddwl, hefyd, fy mod i'n mynd i ddychwelyd i bridd y ddaear ... Yr hyn yr ydw i'n ei gofio gliriaf ydi'r sesiwn olaf un: am ryw reswm, doedd John na minnau (a ninnau, cofier, yn ddau barablwr) yn dweud yr un gair wrth ein gilydd. Yn y mudandod hwn, yn enwedig am tua'r ugain munud i hanner awr diwethaf, ymddangosai i mi fel pe bai rhyw rym wedi meddiannu John; roedd o'n gweithio fel pe bai mewn llesmair. Y mae Gerallt Gymro'n sôn am 'awenyddion' yng Nghymru ei gyfnod o fel pe baen nhw'n cael eu meddiannu gan yr awen ac yn parablu yn y stad honno. Dyma'r peth tebycaf i hynny i mi ei weld, ar

> wahan i'r math o berlewyg a welais i yn wyneb dawnsiwr derfish – un go-iawn – un tro. Ar ôl y mudandod, roedd y gwaith wedi ei orffen, a 'mhen i'n barod yn y clai. Yna fe gafodd ei gastio mewn efydd, ac roeddwn innau'n teimlo braidd fel Bendigeidfran. Y peth odiaf oedd gweld y tu ôl i 'mhen i fy hun. Am fy mhen hwn y dywedodd fy merch-yng-nghyfraith: '*Spooky*'. Ac y mae yna sbwcieiddrwydd mewn peth fel hyn, mewn edrych arnoch eich hun, eto heb edrych arnoch eich hun.
>
> (*John Meirion Morris, Artist*)

Cyn terfynu'r adran hon yr ydw i am gyfeirio at un peth arall, sef y gwaith a wnaeth amryw ohonom ar Gwricwlwm Cenedlaethol y Gymraeg (1988). Roeddwn i'n digwydd bod yn gadeirydd y panel oedd yn gweithio ar y cwricwlwm hwn. Bu'r panel – a minnau, o ran hynny – yn ddidrugaredd o weithgar yn ystod y cyfnod y buom wrth ein gwaith. Ac fe'n tywyswyd trwy lwybrau confensiynau priodol ein gwaith yn wirioneddol effeithiol gan y Dr Emrys Parry, Mr R. Alun Charles, a'r Dr Barbara Wilson, a chyda chefnogaeth bybyr a chadarn Syr Wyn Roberts. Pe bai argymhellion y panel wedi eu gweithredu fe ddylai pob disgybl a addysgwyd yng Nghymru yn ystod yr ugain mlynedd diwethaf fod yn medru Cymraeg i ryw lefel. Yr oedd y gofynion yn fawr, ac yr oedd yn rhaid wrth ymroddiad ac adnoddau: y mae'r ffaith na ddigwyddodd hynny'n adlewyrchiad ar ein system addysg ac, efallai, ar ddiffyg sêl amryw o fewn y system honno. Fel un sydd wrth natur braidd yn sinigaidd ynghylch rhai pethau, ni synnwyd fi'n fawr gan y methiant.

10
FFILMIAU

Rydw i'n eithaf sicir fod ffilmiau wedi cael dylanwad go sylweddol ar lenyddiaeth yr ugeinfed ganrif, ond dydw i erioed wedi mynd ati i geisio diffinio neu ddisgrifio'r dylanwad hwnnw. Yn fy achos i fy hun mi wn un peth, sef fy mod i, ers fy mhlentyndod, wedi eu cael yn rhyfeddol o ddiddorol. Yr oedd yna dri phictjiwrs yn y Blaenau pan oeddwn i'n fach, yr Empire, y Forum, a'r Pàrk Sinema. Mi gaeodd yr Empire (Yr Emp) yn ystod fy machgendod i, a throi'n lle dawnsio – a lle paffio – pan ddeuai milwyr Camp Trawsfynydd i'r Blaenau ar nosau Sadwrn i gystadlu efo'r llanciau lleol am serch lodesi'r ardal. Ond yr oedd wedi cau cyn i mi fod yn ddigon hen i gymryd diddordeb yn y cyfryw lodesi. Un ffilm yn unig yr ydw i'n cofio ei gweld yno, a hynny yng nghwmni fy nghefnder Arthur a'i gyfaill Kenneth (tad Arwel Gruffydd, Theatr Genedlaethol Cymru), sef ffilm lle'r oedd George Formby yn hedfan awyren.

Y Forum oedd y crandiaf o sinemâu y Blaenau. Bellach y mae wedi ei dynnu i lawr. Yn ei ddydd yr oedd yn adeilad sylweddol wedi ei orchuddio gan haen o sment a graean. Yma yr oedd y seddau pictjiwrs mwyaf cyfforddus, gan gynnwys seddau dwbwl i gariadon yn yr oriel.

Y Pàrk (Parc Sun) oedd y trydydd pictjiwrs, wedi ei leoli ar lan Afon Felin. Sut le oedd hwnnw? Lle fel hyn:

Sinc gwyrdd; gwneuthuriad felly
Oedd i'r hen Bàrk Sinema,
A'r sinc hwnnw, safai
Ar lan afon ddigon beth'ma.

('Sbaeneg Pàrk Sinema', *Wmgawa*)

Ond ar nosau annymunol a glawog byddai dorau'r hen le'n agor ar fydoedd eraill. Fel mewn amryw o gerddi gen i – fel yr ydw i'n sylweddoli o'r newydd wrth ysgrifennu'r llyfr hwn – y mae yna ystyriaeth heblaw'r pictjiwrs. Ar ôl gweld y ffilmiau a âi â ni i fydoedd eraill, yn enwedig i fydoedd y cowbois gyda'u Sbaeneg ystrydebol, rhaid dod yn ôl at ein byd ni ein hunain:

Ond allan y mae'r nos anniddos,
Y mae'r niwl, y mae'r oerni'n aros,
Y mae'r gaeaf hen yn ddi-os
Yn bod, ac *adios amigos.*
[*adios amigos = ffarwél gyfeillion*]

('Sbaeneg Pàrk Sinema', *Wmgawa*)

Y Pàrk Sinema, wrth Afon Felin, Blaenau Ffestiniog

Y mae'r sinema wedi cymryd ei le fel prif 'gyfarwydd' (ein hen air ni'r Cymry am 'chwedleuwr', neu rywun da am ddweud stori) i'r rhan fwyaf o bobol, er bod y diwydiant wedi cynhyrchu cymaint o rwbel â'r diwydiant llechi. Erbyn hyn yr ydym ynghanol newid dybryd arall mewn dweud straeon, gan fod gennym ni, bellach, ein teledu a'n disgiau a'n cyfrifiaduron a'n rhithiau o fydoedd.

Dowch imi sôn am ddyrnaid o ffilmiau, neu olygfeydd o ffilmiau a gafodd argraff go ddofn arnaf fi dros y blynyddoedd – er mai go ddamniol ydi barn llawer iawn am y brif fan am wneud ffilmiau, sef Hollywood: dydi barn James Woods ddim yn annodweddiadol – 'A rotten, gold-plated sewer'. Y syndod ydi, mewn lle oedd yn addoli Y Ddoler, nid fod cymaint o rwtj wedi ei gynhyrchu ond fod cynifer o ffilmiau da wedi dod o'r lle. Y ddwy ffilm fwyaf trawiadol i mi pan oeddwn i'n blentyn oedd dwy ffilm gan Walt Disney, sef *Snow White and the Seven Dwarfs* (1937) a *Pinocchio* (1940) – gryn dipyn yn hwyrach na'u dyddiadau y cyrhaeddodd y ddwy ffilm i Flaenau Ffestiniog. Roedd eu ffordd o ddweud straeon y peth mwyaf cyfareddol yr oeddwn i wedi dod ar ei draws yr adeg honno. Pan ddaeth y ffilmiau hyn gan Disney ar gael ar fideo, flynyddoedd yn ddiweddarach, fe'u prynais i nhw'n syth, a gweld fod eu rhyfeddod yn parhau.

O edrych yn ôl, dyma fan cychwyn fy argyhoeddiad fod yn rhaid i'r Gymraeg fod yn ddigon atebol i ymgorffori'r diwylliant Americanaidd (byd-eang), neu Eingl-Americanaidd hwn yn ogystal â'n diwylliant cynhenid ni, neu grebachu. Yr oedd canu pop y grŵp Edward H. Dafis yn enghraifft berffaith o wireddu fy nelfryd i: yr hyn sy'n dal i'm synnu i ydi na allodd aelodau'r grŵp hwn fod wedi concro'r byd, a hynny ar eu telerau eu hunain, sef trwy ddal i ganu yn Gymraeg, a dal at eu hegwyddorion cenedlaethol. Diffyg crebwyll a diffyg gweledigaeth hyrwyddwyr canu pop rhyngwladol oedd y rheswm pam na ddigwyddodd hyn, yn fy marn i.

Pinocchio a'r dylwythen deg

Y mae diwedd *Pinocchio* yn un trawiadol: y mae'r hogyn pren a luniodd Gepetto, ac a ddaeth yn brennaidd-fyw, yn cael ei droi'n hogyn bach go-iawn, gan dylwythen deg. Mewn un stori gen i o'r enw 'Ffrancenstein Taliesin Ifas', y cyfeiriwyd ati hi'n barod, y mae'r arwr, Ffrancenstein Taliesin – un sydd yn newid ei siâp i hyn a'r llall, heb iddo fo ddymuno hynny – yn cael ei sefydlogi fel un person, fel fo'i hun. Ei gydymaith trwy'r stori ydi ei gi Peresfon, enw a fenthyciwyd o'r nofel *Y Brodyr Karamazov* gan Dostoiefsci. Y mae hwn yn gi sy'n gallu siarad, ac y mae hwn yno ar y diwedd hefyd. Adeg y Nadolig ydi hi. Fel hyn y mae'r stori'n dod i ben:

Yna daeth cnoc ar y drws. Cododd Ffrancenstein a'i agor. Yno safai merch ifanc, brydferth iawn, a dieithr. Er bod y tywydd yn oer roedd hi'n gwisgo ffrog ysgafn las a gwyn, ac roedd hi'n gwenu. Syllodd Ffrancenstein arni mewn syndod mud.

'Wyff,' cyfarthodd Peresfon gan ddod â'i feistr ato'i hun.

'Wel, dowch i mewn o'r oerfel,' meddai Ffrancenstein. 'Pam yn y byd mawr yr ydych chi allan wedi gwisgo fel yna ar y fath dywydd?' Yna ychwanegodd gwestiwn o esboniad posibl, 'Parti gwisgo-i-fyny?'

Gwenodd y ferch ifanc a dod i mewn.

'Eisteddwch wrth y tân,' meddai Ffrancenstein, ond heb iddo fo na Pheresfon fynd yn rhy agos at y gwres. Ar ôl eistedd edrychodd y ferch ifanc o'i chwmpas. 'Rydw i'n cael y teimlad fod yna lawer iawn o bobol yma,' meddai.

Cododd Ffrancenstein ei ysgwyddau, a dweud, 'Y mae yma lawer o bobol, ond eto does yma ddim ond un.' Yna ychwanegodd, 'Un, ac un ci.'

'Rydym ni,' meddai'r ferch, 'yn cael ein hanfon weithiau ...'

'O ble'r ydych chi'n dod?' holodd Ffrancenstein.

Gwenodd y ferch, a mynd yn ei blaen, '... yn cael ein hanfon yma weithiau i beri newid.'

'Nid un o ffor'ma ydych chi, mae hynny'n amlwg. O ble'r ydych chi'n dod?' holodd Ffrancenstein.

'Pam ei bod hi mor bwysig ichi gael gwybod o ble'r ydw i'n dod? Y peth pwysig i chi ydi fy mod i yma.'

Dynesodd Peresfon ati a rhoi ei ben ar ei thraed.

'Mae'ch ci chi'n fy nerbyn i am yr hyn ydw i,' meddai hi.

'Mae o'n gi call, dwi ddim yn dweud,' meddai Ffrancenstein, 'ond ...' Ni orffennodd ei frawddeg.

'Mae yna gall a chall,' meddai hithau.

'Gwir,' cytunodd Ffrancenstein.

'Rŵan 'te,' meddai hi, 'fel roeddwn i'n dweud, rydym ni'n cael ein hanfon yma weithiau i beri newid. Newid er gwell, gan amlaf.'

'Fuaswn i ddim yn dymuno gweld unrhyw newid er gwaeth,' meddai Ffrancenstein.

'Y mae rhai sy'n haeddu gwaeth,' meddai hithau.

Dechreuodd Ffrancenstein deimlo'n anesmwyth, a synhwyrodd y ferch ifanc hynny.

'Peidiwch â phoeni,' meddai, 'dydych chi ddim yn un o'r rheini.'

'Mae'n dda gen i glywed,' meddai Ffrancenstein. Yna sylweddolodd ei fod wedi dod i dderbyn dieithrwch y ferch a'i rhyfeddod fel rhywbeth naturiol. Teimlodd y Diogenes sinigaidd ynddo yn anesmwytho. 'Ond dydi ...' cychwynnodd.

'Rydw i'n gwybod pwy ynoch chi sy'n dweud,' meddai hithau. 'Sinig sâl oedd Diogenes. Ond y mae yna rywun dragwyddol yn dweud drwoch chi, ac yn gwneud drwoch chi, on'd oes.'

'Yr holl bobol yma,' meddai Ffrancenstein.

'Wedi dod yma i newid hyn'na'r ydw i,' meddai'r ferch.

'Newid yr holl bobol! Ond fydda i ddim yn bod wedyn,' meddai Ffrancenstein.

'Fyddan *nhw* ddim yn bod wedyn,' meddai hithau.

'Ond y nhw ydw i,' meddai Ffrancenstein.

'Gwir. Ond nid y gwir i gyd,' meddai'r ferch. 'Y mae yna newid wedi dechrau ynoch chi. Rydych chi wedi dechrau bod yn chi'ch hun. Fy ngwaith i ydi'ch gwneud chi i gyd yn chi'ch hun.'

'Ydi peth felly'n bosib?'

'I mi, ydi.'

'Ond rydw i wedi cael fy nghreu mewn ffordd wahanol i bawb.'

'Ydych. Rydych chi wedi eich creu trwy ymyrraeth, ond ymyrraeth nad ydi hi ddim yn llwyddiant hollol. Dyna pam nad ydych chi ddim yn chi'ch hun.'

'Yr holl bobol yma!'

'Yr holl bobol yna,' meddai'r ferch. 'A rŵan rydych chi'n teimlo'n gysglyd.'

'Wedi bwyta gormod ...' Teimlodd Ffrancenstein ei hun yn cael ei orchfygu gan gwsg rhyfedd, oblegid nid syrthio yr oedd o, ac nid mynd i dywyllwch yr oedd o, ond esgyn i ryw oleuni rhyfedd. Yna deffrôdd yn araf. Edrychodd o'i gwmpas, a daeth yn ei ôl i ganol cynefin bethau. Doedd yna ddim merch ifanc yn eistedd wrth y tân, ond roedd Peresfon yn cysgu â'i ben wrth droed y gadair lle'r oedd hi wedi bod.

'Biti hefyd,' meddai Ffrancenstein wrtho'i hun. 'Biti na fuaswn i ...'

Ar hyn deffrôdd Peresfon. Syllodd yn hir ar y gadair wag. Yna trodd at ei feistr a syllu, mewn penbleth, yr un mor hir ar hwnnw.

'Dwyt ti ddim yn fy 'nabod i'r hen greadur?' gofynnodd Ffrancenstein.

'Wyff,' cyfarthodd yntau wrth glywed llais ei feistr, a chodi ar ei draed ôl i lyfu ei wyneb. Yna trodd Peresfon ei wyneb at ddrws – cilagored – y tŷ, a syllu arno gyda rhywbeth tebyca 'welsoch chi erioed i syndod cosmig yn ei lygaid.

(*Bronco*)

Gwraig ddrwg gan Walt Disney: fe wnâi hon Arianrhod i'r dim

Yn *Snow White* y mae'n rhaid cydnabod fod yr hen Walt yn gallu creu drwg-wragedd nerthol i'w ryfeddu. Y mae'r Frenhines o lysfam yn y stori hon yn un enghraifft o hynny, fel y mae'r dylwythen ddrwg Maleficent yn *Sleeping Beauty*. Rydw i'n meddwl mai rhywbeth tebyg i'r Frenhines neu Maleficent fyddai Arianrhod o Bedwaredd Gainc y Mabinogi mewn cartŵn teilwng o'r pwnc. Y mae Stiwdio Walt Disney, ac yntau wedi'n gadael ni yn 1966, yn dal ati i gynhyrchu cartwnau ac, ar y cyfan, wedi llwyddo i gynnal ei safonau uchel iawn o – ystyrier *The Jungle Book* (1967), *Robin Hood* (1973), a *The Lion King* (1994).

A sôn am ffilmiau fy mhlentyndod, yr oedd yna gartwnau a storïau cyfres neu *serials* mewn pictjiwrs-pnawn-Sadwrn, rhai ac ynddyn nhw anturiaethau Flash Gordon a Batman. Yn ddiweddar y mae'r fath gymeriadau wedi cael eu cymryd yn fwy o ddifrif ac y mae ffilmiau ar gyfer oedolion, efo fersiynau o'r cymeriadau hyn ynddyn nhw, wedi cael eu cynhyrchu. Y mae yna elfennau diddorol iawn mewn ambell ffilm Batman ddiweddar. Dydi parhad cymeriadau fel hyn ddim yn syndod oherwydd y mae yna elfennau arwrol go sylfaenol ynddyn nhw; hynny ydi, y maen nhw'n gymeriadau sy'n ymgorffori elfennau mytholegol, a chymeriadau sydd yn rhan o'r ymdrech barhaol rhwng rhyw fath o dda a rhyw fath o ddrwg.

Wrth feddwl am arwyr – y gwroniaid hynny a oedd mor bwysig i mi yn fy mhlentyndod, ac sydd o hyd, o ran hynny – yr oedd y Cowboi Da yn Arwr *par excellence*. Pethau prin ydi ffilmiau cowbois bellach. Y mae amryw resymau am hynny. Un o brif nodweddion ffilmiau cowbois oedd eu harwyr – yn wir, am ran helaeth o'i hanes gellid ystyried y ffilm gowboi fel enghraifft 'lunyddol' o fath arbennig o lenyddiaeth a adwaenir fel 'llenyddiaeth arwrol', sef y math o lenyddiaeth y mae *Iliad* Homer a *Gododdin* Aneirin yn perthyn iddo.

Prif nodwedd llenyddiaeth arwrol oedd fod ynddi hi wŷr (*macho* iawn) a chanddynt alluoedd arbennig, yn enwedig y gallu i ymladd ac i ddangos eu rhagoriaethau mewn brwydrau. Y mae'r ddelwedd o arwr yn newid o bryd i'w gilydd, er bod iddi gysondeb hirfaith. Cyn belled ag y mae ffilmiau cowbois yn y cwestiwn, y mae delwedd yr arwr wedi newid yn sylweddol o ddechrau'r ganrif ddiwethaf hyd yn awr. Y mae mwy o siniciaeth yn ein hagwedd gyffredinol ni at fywyd wedi cyfrannu at y newid hwn. Wedyn, y mae 'effeithiau arbennig' wedi dod i'r fath amlygrwydd mewn ffilmiau'n ddiweddar nes eu bod nhw'n gwneud bron bopeth arall yn eilradd. Er hyn, y mae'n rhaid inni beidio â meddwl fod yr arwr o ymladdwr – beth bynnag am yr ymladdwr o gowboi – wedi peidio â bod; y mae gyda ni o hyd, fel y dengys ffilmiau braidd yn gartwnaidd o egr Sylvester Stallone a Bruce Willis, ac y mae yna ryw alw go ddwfn am weld rhyw fath o 'dda' yn curo rhyw fath o 'ddrwg'.

Yr ail brif reswm am anamlder ffilmiau cowbois da yn lled ddiweddar (y mae yna nifer o ffilmiau cowbois Ewropeaidd wedi dal i gael eu cynhyrchu, ond rhai go druenus ydi'r mwyafrif ohonyn nhw) yw fod mwy o gymhlethdod seicolegol wedi bod yn tyfu yn y *genre*, a bod rhywfaint o'r hen ddiniweidrwydd – o weld da a drwg, du a gwyn – wedi mynd. Ystyrier ffilm bwerus Clint Eastwood, *Unforgiven* (1992) fel enghraifft nodedig o'r newid. Ond er bod y diniweidrwydd wedi mynd, fe'i haddasodd y ffilm gowboi ei hun i amgylchiadau newydd, yn llwyddiannus iawn ar brydiau, gan ddod yn gyfrwng i wneud sylwadau ar y byd oedd ohoni. Y mae cysgodion chwilys McCarthy ar y ffilm *High Noon* (1952), er enghraifft; a chysgodion rhyfel Fiet-nam ar eraill, megis *Soldier Blue* (1970) a *Little Big Man* (1970); ac y mae cyflwr John Wayne ei hun yn gysgod dros *The Shootist* (1976). Yn y ffilm ddiwethaf hon y mae'r cymeriad a chwaraeir gan Wayne yn ddyn-gŵn sy'n marw o gancr: yr oedd Wayne ei hun yn dioddef o gancr pan wnaethpwyd y ffilm.

Y mae agweddau newydd tuag at Indiaid Cochion, neu Americaniaid Brodorol fel y dywedir bellach (newid enw arwyddocaol), i'w gweld mewn ffilmiau cowbois hefyd – cymharer yr agwedd atynt yn ffilm John Ford, *Stagecoach* (1939) a'r ffilmiau *The Outlaw Josey Wales* (1976) a *Dances with Wolves* (1990), er enghraifft, a gwelir cymaint fu'r newid. Y newid mwyaf a roes ergyd farwol, bron, i'r ffilm gowboi – ffilm a oedd yn perthyn i Orllewin Gwyllt ac arloesi ffiniau daearyddol – oedd ein bod ni bellach wedi cael ffin newydd bwysig, sef y ffin rhwng y byd hwn a'r gofod a'r bydoedd uwchben, a bod bodau newydd o'r tu hwnt i'r ffin honno (o leiaf yn y dychymyg) yn dod i fodolaeth i ddynion eu gwrthwynebu neu i gyfeillachu â nhw: mae'r senario wedi newid. *Star Wars*, bodau o'r gofod, a robotiaid piau hi bellach.

Fe ddywedwn ni air am un ffilm gowboi, un yr ydw i wedi ei thrafod mewn man arall, sef *Shane* (1953). Dyma'r 'arwr' sy'n cyfateb i'r Marchog Da mewn hen chwedlau o'r Oesoedd Canol. Dyma'r arwr sy'n gweithredu, yn enwedig gweithredu fel ymladdwr. Un o'r ffilmiau cowbois lle y mae yna elfen gref o'r mytholegol ydi *Shane* (a drosleisiwyd i'r Gymraeg). Stori ydi hon am gymdeithas o

Alan Ladd, prif gymeriad *Shane* (1953)

ffermwyr bychain yn ceisio ymsefydlu mewn gwlad wyllt lle y mae yna dirfeddiannwr grymus sydd am gadw cymaint o dir iddo fo'i hun ac i'w wartheg ag y gall o. Oherwydd hynny y mae o'n awyddus iawn i gael gwared o'r ffermwyr hyn, trwy ba ddulliau bynnag. Y mae yna lawer o ystrydebau ffilmiau cowbois yn y ffilm, ond am ei bod hi'n ffilm dda y maen nhw'n cael eu dyrchafu i fod yn elfennau mytholegol.

I ganol y gymdeithas hon, o'r tu allan iddi, daw saethwr medrus (dyn-gŵn), yn perthyn i fyd oedd yn darfod, sef Shane (Alan Ladd), yn loyw a hardd. Y mae o, yn raddol, yn cael ei dderbyn i'r gymdeithas hon, ond heb ddod yn wir ran ohoni. A phan ddaw llofrudd, du ei ddillad a du ei wedd, Jack Wilson (Jack Palance), i'w bygwth y mae'r gymdeithas o ffermwyr yn dod i sylweddoli nad oes yna ond un ffordd iddi ddal i fodoli: y mae'n rhaid gwrthsefyll y drwg gydag arfau. A'r un i drin arfau, wrth gwrs, ydi'r dieithryn a ddaeth i'w plith. Y mae o'n gorchfygu'r drwg, ond yn y diwedd y mae'n mynd ymaith, yn dal i fod yn ŵr ar wahan, un sy'n dangos bod yna amgylchiadau pan fydd yn rhaid wrth allu arfog i drechu'r drwg. Cyfarwyddwr y ffilm hon oedd George Stevens (1904–1975). Mae'n werth nodi ei fod o, yn ystod yr Ail Ryfel Byd, yn gyfrifol am Uned Ffilmiau Arbennig Corfflu Signalwyr y Fyddin Americanaidd, a'i fod wedi cyfarwyddo ffilm ar effeithiau'r bomiau atomig a ollyngwyd ar Japan. Y mae'r ffilm *Shane* yn dweud ei bod hi'n anodd iawn, ar brydiau, i'r da drechu'r drwg heb ymroi i ddefnyddio arfau.

Y mae i'r Swediad Ingmar Bergman le pwysig ymysg cyfarwyddwyr amlycaf y byd. Un o'i ffilmiau mwyaf trawiadol ydi *Y Seithfed Sêl* (1957). Y mae'r teitl yn dod o Lyfr y Datguddiad, Pennod 8: 'A phan agorodd efe y seithfed sêl, yr ydoedd gosteg yn y nef megis hanner awr ...'. Ffilm wedi ei lleoli yn Sweden yn y bedwaredd ganrif ar ddeg ydi hon, ond y mae'n ymdrin ag un o ystyriaethau sylfaenol pobol, yn enwedig pobol yn yr ugeinfed ganrif yn y gorllewin, efallai. Y mae 'arwr' y ffilm, Block, yn un sy'n pendroni ynghylch ystyr bywyd, bodolaeth Duw, a sicrwydd angau. Ymhlith golygfeydd trawiadol y ffilm hon y mae yna un lle y mae Angau'n arwain ei ddeiliaid ymaith, a hynny mewn amlinell ddu ar fryn, fel rhyw ddawns facâbr enbyd.

Y ffilm nesaf yr ydw i am sôn amdani ydi *On the Waterfront* (1954), ffilm a gafodd ei chyfarwyddo gan Elia Kazan. Yn y ffilm hon, dyn cyffredin y mae ganddo gydwybod ydi'r 'arwr'. Pwnc y ffilm ydi safiad un gŵr, Terry Malloy (Marlon Brando) yn erbyn grym Undeb gormesol ym mhorthladdoedd Manhattan a Brooklyn. Yr oedd y pwnc yn un perthnasol i Kazan gan ei fod o'i hun wedi ei ddifenwi am roi tystiolaeth gerbron yr House of Un-American Activities ynghylch Comiwnyddion a oedd yn y diwydiant ffilmiau, gan enwi rhai ohonynt. Gwelai Kazan ei hun fel y cymeriad a chwaraeir gan Brando. Hwn ydoedd un o berfformiadau gorau'r actor nodedig hwnnw, pan oedd o'n cymryd ei actio o ddifrif.

Yn y ffilm, paffiwr ydi o, un a berswadiwyd gan ei frawd Charley (Rod Steiger), a oedd yn gefn solat i bennaeth cryf a didrugaredd yr Undeb, Johnny Friendly (Lee J. Cobb) i gymryd arno cael cweir mewn gornest am fod yr Undeb wedi betio fod ei wrthwynebydd am ennill. Y mae Terry'n sylweddoli fod y golled honno wedi peri iddo golli ei gyfle i 'fod yn rhywun, ac nid yn bŷm, yr hyn ydw i'. Y mae gan y 'bŷm' hwn gydwybod, ac y mae'r gydwybod honno'n peri fod y naill anfadwaith – gan gynnwys mwrdwr – a gyflawnir gan yr Undeb, un ar ôl y llall yn gwneud iddo sefyll a'i wynebu, hyn gyda chymorth y Tad Pabyddol, Barry (Karl Malden). Yn y diwedd y mae Terry'n mynd i lawr rhyw bont bren sy'n arwain at gwt ger y dŵr lle y mae pennaeth yr Undeb a'i amddiffynwyr mawr, cyhyrog yn aros. Y mae'n ymladd yn arwrol – canys y mae Terry yn baffiwr medrus – ond y mae'n cael curfa waedlyd. Ond dydi o ddim wedi ei lwyr orchfygu, a daw'r Offeiriad yno i'w annog i ddod i fyny'r bont ac arwain y gweithwyr i'w gwaith, gan dorri crib a thorri grym yr Undeb a'i bennaeth. Yn y diweddglo hwn y mae'r camera'n rhoi inni argraff o gerddediad simsan Brando fel y mae o, rŵan, yn arwain y gweithwyr.

Y mae'r diwedd hwn wedi atgoffa mwy nag un o'r Atgyfodiad, atgyfodiad buddugoliaethus Crist ar ôl dioddefaint y groes. Yn sicir, y mae'r diwedd yn ddiwedd gorfoleddus, a chyfiawnder yn cario'r dydd. Doedd Kazan ei hun ddim yn ymwybodol o'r fath gyffelybiaeth o gwbwl – meddai o. Un ôl-nodyn: yr oedd y ffilm yn seiliedig ar achos go-iawn o geisio sefyll yn erbyn grym undebol; yn y sefyllfa go-iawn, yr Undeb llwgwr oedd yn fuddugoliaethus. Y mae'r ffilm yn dangos sut y gellir cyflwyno stori, bwysig iawn ei phwnc, mewn modd tra diddorol.

O'r entrychion rydw i am ddod i lawr at fanion, ond rhai digon arwyddocaol. Y mae gen i gof eglur am ffilmiau Draciwla du a gwyn, efo Bela Lugosi yn chwarae rhan y brawd hwnnw, rhan a ddylanwadodd yn o drwm ar ei yrfa fel actor yn ôl pob sôn. O nofel gan Bram Stoker y datblygodd y ffilm – gan adael y cymeriad i ehedeg gerfydd ei glogyn ei hun trwy lawer iawn o ffilmiau diweddarach. Er na ellir honni fawr ddim o ran cyfraniad celfyddydol y ffilmiau am Draciwla, y mae i'r cymeriad ei agwedd fytholegol ddigon pendant: 'gwrtharwr' oedd o, grym negyddol. Ond mewn ffilmiau, erbyn hyn, y mae o wedi newid i fod yn un ac iddo agwedd arwrol. Un sydd yn sugno gwaed pobol er mwyn ymestyn ei fodolaeth ei hun ydi Draciwla: pam yn y byd y daeth un felly yn arwr? Y mae'r ateb i'w gael yn y newid a ddaeth dros ein cymdeithas, cymdeithas a ddaeth i dderbyn fod bod yn farus yn beth da, ac a roddodd fri ac arian di-ben-draw i fancwyr pwdwr, rhai sydd yn eu hunanoldeb – mewn ffordd ddelweddol – yn sugno gwaed aelodau o'u cymdeithas. Mewn cynhadledd i awduron yn yr hen Iwgoslafia y bûm i ynddi rai blynyddoedd yn ôl, un o'r prif drefnyddion yno oedd dyn o'r enw Drakul, sef enw Iwgoslafaidd yr oedd iddo ei ran yn enwi'r sugnwr gwaed clogynnog, meddai cyfaill o'r wlad honno wrthyf fi. Sut bynnag, yr oedd y Bela Lugosi yma yn Draciwla arbennig o dda, yn dywyll ei bryd a'i ddillad, ac yn gochion ei lygaid.

Ar sail fy nghofion am y brawd hwn yr es i ati un tro i ysgrifennu stori am gymar iddo, sef 'Wynston Draciwla Dêfis'. Dyfynnaf ran gynta'r stori:

> Roedd Wynston Draciwla Dêfis newydd orffen ei frecwast o stecan (waedlyd) gyda phaned o rywbeth cyfoglyd o wyrdd pan ddaeth cnoc ar y drws ffrynt. Pan agorodd o'r drws, pwy oedd yno ond Miss Agatha, Drws Nesa', yn dal, yn ei dwylo yn dyner, ffurflen wen. Meddai hi, 'Meddwl yr oeddwn i,

Mr Dêfis, y basech chi'n hoffi 'nghefnogi i i redeg marathon i godi arian at Gartre Cŵn Amddifad yn dre.'

'Marathon! Cŵn! Amddifad!' ebychodd Wynston. 'Wel wir Miss Agatha, be nesa!'

'Be nesa? Eich cael chi i dorri'ch enw ar y ffurflen yma i addo rhoi arian at yr achos os rheda i'r farathon,' meddai Miss Agatha.

'Wrth gwrs, wrth gwrs,' meddai Wynston. 'Ychydig iawn o betha sy mor agos at fy nghalon i â chŵn amddifad, yr hen betha bach ...'

'A mawr,' meddai Miss Agatha, 'hawliau cyfartal Mr Dêfis; i fach a mawr yr un hawliau.'

'Debyg iawn,' meddai Wynston. 'Dowch i mewn, dowch i mewn.'

Arweiniodd Miss Agatha i'r stafell ganol, lle'r oedd bwrdd derw cadarn, dwy gadair anesmwyth, set deledu anferth, llun o gastell tywyll a bygythiol yn Transylfania, a llenni trymion o liw gwaedlyd, tywyll.

'Steddwch,' meddai, 'a gwnewch eich hun yn gartrefol. Mi a' i i nôl rhywbeth i sgwennu.'

'Mae gen i feiro,' meddai Miss Agatha.

'Mae gen innau sgrifbin,' meddai Wynston, 'un efo nib dur.' Yna aeth allan.

Tra roedd o allan edrychodd Miss Agatha ar y llun ar y wal. O edrych yn fanylach ar y castell gallai weld cawod o ystlumod duon o'i gwmpas, a dechreuodd amau eu bod yn symud.

'Nac ydyn siŵr,' meddai wrthi ei hun yn ffyrnig.

Yna syllodd ar un o ffenestri gweigion y castell. Yn raddol dechreuodd wyneb ymffurfio yno: croen gwyn iawn, llygaid efo cyffyrddiad o goch yn eu gwynion nhw, gwallt tywyll fel y nos.

'Ddim yn annhebyg i Mr Dêfis!' meddai Miss Agatha wrthi'i hun. Yna ychwanegodd, yr un mor ffyrnig ag o'r blaen, 'Nac ydi siŵr! A does yna ddim wyneb yna o gwbwl.' Yna daeth Wynston yn ei ôl. Rhoddodd botel sylweddol o inc ar y bwrdd, ac yna gosododd bin ysgrifennu creulon wrth ei hochor.

'Rŵan 'te, Miss Agatha, y ffurflen, os gwelwch yn dda,' meddai gan estyn llaw fain fel crafanc wen at ei ymwelydd, a chan syllu i fyw ei llygaid gleision. Rhoddodd hithau ei ffurflen iddo.

'Fan'na, plis,' meddai Miss Agatha, 'arwyddwch yn fan'na. A nodi'r swm ym mhen draw'r llinell.'

Agorodd Wynston y botel inc, cododd ei ysgrifbin a phlymio ei nib fel cyllell iddi.

'Coch! Inc coch ydi'ch inc chi,' meddai Miss Agatha.

'Ie, coch ydi fy inc i,' meddai Wynston, gan grafu ei ysgrifbin ar ymyl y botel fel bod y diferion dros ben yn syrthio iddi fel dafnau trymion o waed. Yna trawodd y nib ar bapur gwyn y ffurflen a stillio ei enw hyd y llinell mewn coch llachar.

'Mi ro i bunt y filltir ichi, Miss Agatha,' meddai, gan nodi hynny gyda thrywaniad ar ben draw'r llinell. 'Dyna ni,' meddai.

'Diolch,' meddai Miss Agatha.

(*Bronco*)

Yn y dyddiau lled ddiwethaf hyn fe ymddangosodd 'arwr' arall, neu'r Gor-arwr, arwr ffilmiau cwffio, fel y gellid eu galw nhw. Y mae rhai o ffilmiau'r brawd hwn yn wirioneddol echrydus. Ond, ond y

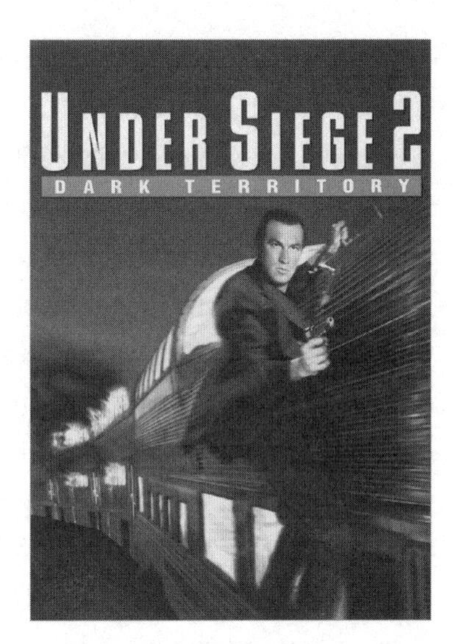

Ffilmiau Steven Seagal

mae yna un neu ddwy sydd 'ddim yn *bad*' fel y byddwn ni'n dweud. Cyfeirio'r ydw i at Steven Seagal. Pan oedd yn laslanc fe aeth i Japan ac yno fe ddaeth yn arbenigwr ar ymladd milwrol (*martial arts*), gan ennill gwregys du mewn aikido, karate, jiwdo, a kendo. Yn y man dychwelodd i America ac, ymhen amser, daeth yn actor mewn ffilmiau, fel dyn da sydd yn waldio pobol ddrwg heb fawr o drafferth: y mae pobol eisio gweld y rhai drwg yn ei 'chael hi', meddai fo. Y mae dwy o'i ffilmiau yn rhai y gellir eu gwylio heb lawer o straen, sef *Under Siege* (1992) sy'n digwydd ar long, ac *Under Siege 2* (1995) sy'n digwydd ar drên. Fe aeth ati ar ei liwt ei hun i wneud ffilm dan y teitl *On Deadly Ground* (1994), ffilm sy'n cario neges amgylcheddol gref iawn mewn araith ar y diwedd. Yn wir, y mae materion amgylcheddol yn agos at ei galon, meddai, ynghyd ag ymboeni am ystad y byd yn wleidyddol. Y mae ystyriaethau crefyddol o ddiddordeb iddo hefyd, ac y mae o, ers tro, wedi troi'n Fwdydd. Y mae ei hanes carwriaethol yn gymhleth ac yn amryliw.

O ran y dyn allanol y mae'n glamp o foi, yn chwe throedfedd a phedair modfedd o daldra (1.93m). Erbyn hyn y mae wedi trymhau cryn dipyn ac wedi cael rhyw fath o wallt gosod sy'n debyg i ddraenog marw, gorweiddiog, du bitj ar ei ben. Yn ogystal â'i feistrolaeth ar yr holl gampau a nodwyd, y mae o hefyd yn ganwr a chwaraewr gitâr, ac y mae o wedi 'rhyddhau' (neu adael yn rhydd), fel y dywedir, nifer o albymau (os mai dyna ydi lluosog 'albwm'). Rai blynyddoedd yn ôl bu o a'i fand yn perfformio yn y Venue yn Llandudno. Un o'r rhai oedd yn y gynulleidfa oeddwn i. Roedd o'n ganwr reit ulw dda. Ei sylw diweddarach am y gynulleidfa hon oedd: 'We had an audience in (ac mi gofiodd yr enw hefyd) Landwdno where the average age seemed to be a hundred and five'. Diolch Steven. Os nad ydi hwn yn rhyw fath o Wron, 'wn i ddim beth sydd.

Gwron o'r iawn ryw sydd mewn stori a ysgrifennais i dro'n ôl, sef 'Arwr, U.D.A.', un sy'n dod i Gymru i orchfygu'r Maffia lleol, Maffia y mae rhyw atgof neu ddau o'r ffilm *The Godfather* ynddo fo. Fel hyn y mae hi'n dechrau:

> Doedd bywyd yn Llandudntno Isaf ddim yn hawdd, a rheswm da paham – roedd y lle wedi ei gymryd drosodd gan ddihirod 'Côs y Nosa'. Fel tylluanod, yn eu tro, yn y nos y deuai'r Côs allan gan amlaf i gyflawni eu drwgweithredoedd erch: ni allai neb adael ei feic yn ei ardd, heb sôn am ei sgwter, na fyddai'r gwehilion hyn wedi ei ddwyn. Yn rhandiroedd y ddinas, rhandiroedd a roes gynhaliaeth i gyfran o'r boblogaeth yn ystod yr Ail Ryfel Byd, nid oedd pwrpas i neb blannu na thaten na chabatjien a disgwyl gweld ffrwyth ei lafur. Ni fentrai'r un dinesydd ddangos ei drwyn ar yr heolydd ar ôl hanner awr wedi naw yn yr haf, a hanner awr wedi saith yn y gaeaf, neu fe ymosodid arno gan haid o lowtiaid yn uchel ar gyffuriau a dyfent yn y rhandiroedd gadawedig.

> Hawliai'r cyfryw rai gyfran o enillion prin perchnogion siopau tjips, siopau gwin, tafarndai, cownteri-loteri ac ati y ddinas. A hawliai'r dreng Dad-bedydd Don Lwiji Vincente Corgattopardo gyfran o bob drwg-enillion. Yn wyneb hyn oll doedd bywyd yn Llandudntno Isaf ddim yn hawdd.

Dyma beth ydi argyfwng! Pa beth y gellir ei wneud? Rhaid anfon am gymorth, rhaid cael Arwr i setlo'r drwgweithredwyr. Pa le y mae Arwr i'w gael? Does yna ond un lle sy'n magu arwyr bellach, sef Unol Daleithiau America. A dyma anfon yno am Harri Leibec:

> Bythefnos yn ddiweddarach pwy droediodd oddi ar awyren ym maes awyr Manceinion ond Harri Leibec, yn chwe troedfedd a hanner cydnerth, yn ddu ei wallt a'i aeliau, ac yn hanner gwgu ar y byd o'i gwmpas. Roedd yn feistr Gwregys Du mewn Aicido, Carate, Jiwdo a Chendo, yn gyllellwr deheuig, yn saethwr gwn di-feth, yn arbenigwr ar bob math o ffrwydron, yn un a oedd wedi treulio blynyddoedd yng ngwasanaeth cudd America, ac yn un a enillodd Galon Borffor ar faes y gad. Hynny ydi, roedd Leibec yn fyddin-un-dyn. Fel y camai trwy'r dorf i godi ei bàc ymrannai'r bobol fel y Môr Coch o flaen Moses. Wrth y drws-mynd-allan, yn dal placard ac arno'r enw HARRI LEIBEC yr oedd Josephine O'Hara. Aeth Harri ati ac mewn llais distaw a chyda chwrteisi bonheddig dywedodd, 'Rydw i'n gweld eich bod chi'n fy nisgwyl i.' Edrychodd Josephine i fyny arno a gwyddai, ddim ond o edrych arno, fod hwn yn Arwr go-iawn.

A dyma inni enghraifft o arwriaeth Harri wrth iddo gyrraedd Llandudntno Isaf:

> Noson o haf oedd hi, a deg o'r gloch oedd hi. Fel y daeth Leibec allan o'r car ymddangosodd pedwar o Gorilas mwyaf Lwiji Vincente ar risiau'r gwesty i roi croeso twymgalon iddo. Rhwng y pedwar ohonyn nhw doedd eu pwysau ddim ymhell o bwysau eliffant ifanc. Rhwng y pedwar ohonyn nhw doedd dim blewyn gweladwy ar eu pennau. Yr oedd gwenau mileinig ar eu hwynebau garw, a bylchau fel caerau cestyll yn eu dannedd melynfrown. Safodd Leibec yn edrych arnynt, hanner ymddangosodd gwên swil ar ei wyneb. Dynesodd y pedwar yn fygythiol. Camodd Leibec i'w cyfarfod, cnociodd bennau y ddau nesaf ato yn ei gilydd nes bod eu perchnogion yn clywed miwsig nefol. Yna trawodd y trydydd Gorila yn ei drwyn nes ei fod o'n stillio gwaedu a dagrau'n llenwi ei lygaid syn cyn iddo gael ei fwrw ar ei gefn ar y grisiau fel sachaid o datws. Yna rhoddodd Leibec gic i'r pedwerydd yn ei geilliau cyn ei daflu at gar y Maer lle y daeth i wrthdrawiad dramatig â'r metel du. Camodd Leibec yn ofalus rhwng y pedwar a oedd yn llonydd ar y llawr, estyn ei fag o'r car, a dweud wrth Josephine y disgwyliai hi am tua hanner awr wedi naw drannoeth.
>
> (*Bronco*)

Ac ymlaen ag o i achub Llandudntno.

Y mae'r math hwn o hiwmor yn apelio ataf fi. Y mae o i'w gael yn rhai o'n hen chwedlau ni, yn stori 'Culhwch ac Olwen' yn arbennig. Ystyriwch ddarn fel hyn am y Brenin Arthur yn mynd i geisio gwaed y Widdon Orddu, merch y Widdon Orwen. Ymhle'r oedd yr hen chwaer hon yn byw? Yn:

> Yr Ogof
> Pennant Gofid
> Gwrthdir Uffern.

Y Brenin Arthur yn ei lys – yn ôl Margaret Jones

Mae'r cyfeiriad yn llawn ond am y cod post. Daw Arthur a'i farchogion at ogof y wrach. Mae Arthur yn fwg ac yn dân eisio mynd i'r ogof i'w hwynebu, ac y mae'n rhaid wrth dipyn o berswâd gan Gwyn ap Nudd a Gwythyr fab Greidawl i'w ddarbwyllo i adael i eraill fynd i wneud peth mor iselwael ag ymosod ar wrach. Y rhai a ddewisir ydi Cacamwri a Hygwydd, dau frawd. Diweddaraf y Cymraeg Canol:

> Ac fel y daethant i mewn i'r ogof rhuthro arnynt a wnaeth y wrach, ac ymafael a wnaeth yn Hygwydd gerfydd gwallt ei ben, a'i daro i'r llawr odani. Ac ymafael a wnaeth Cacamwri ynddi hithau gerfydd gwallt ei phen, a'i thynnu oddi ar Hygwydd i'r llawr, a throi a wnaeth hithau ar Cacamwri, a rhoi crasfa [y gair yn y gwreiddiol ydi 'dygaboli'] iddynt ill dau a'u diarfogi, a'u gyrru allan dan wichian a gweiddi.

Y mae Arthur yn cael y gwyllt o weld ei farchogion yn cael eu trin yn y fath fodd, a rhaid ei atal rhag rhuthro i'r ogof. Unwaith eto y mae Gwyn a Gwythyr yn gorfod dweud wrtho nad ydyn nhw ddim am ei weld o'n 'ymgribiaw' neu fynd i'r afael â gwrach. Ac wele ddau arall o ddewrion y brenin yn mynd i mewn, neb llai na Hir Amren a Hir Eiddil. Ond Ow! a Gwae! os bu hi'n galed ar y ddau gynt, y mae hi'n waeth ar y rhain. Diwedd y draul oedd gorfod cario'r pedwar marchog dygaboledig o'r fangre ar Lamrai, caseg y brenin. Ni ellir dal Arthur yn ei ôl bellach. Y mae'n rhuthro i'r ogof, ac o'i drws yn bwrw'r wrach â Charnwennan, ei gyllell, nes bod hyn yn digwydd iddi:

> a'i tharo yn ei hanner oni fu yn ddau gelwrn [twb].
>
> (*Culhwch ac Olwen*)

Wedyn y mae Caw o Brydain yn cymryd gwaed y wrach ac yn ei gadw'n ddiogel.

Y mae elfennau gorchestol o swrealaidd ac ansidêt iawn yn y cyfan. Ceir elfen sylweddol o hyn yn ein llenyddiaeth ni, Gymry ac yn hen lenyddiaeth Iwerddon hefyd. Cafwyd peth tebyg ar ei amlycaf, yn yr ugeinfed ganrif, yn y sioe radio boblogaidd Saesneg, *The Goons*. Y mae'r math hwn o beth yn apelio ataf fi, ond ddim at lawer iawn o Gymry heddiw, am 'wn i – ar wahan, efallai, i ddilynwyr y rhaglen deledu *Dim Byd*. Rydw i'n deall o'r gorau fy mod i'n rhagfarnllyd o blaid y fath ddefnydd: am farn fwy cyfrifol na f'un i, gweler sylwadau tri beirniad y Fedal Ryddiaith yn Eisteddfod Genedlaethol y Faenol, Bangor 2005, ar gynnig un sy'n dwyn y ffugenw '*XS*' – dyma'r trydydd tro imi gystadlu yn yr Eisteddfod Genedlaethol.

Un tro fe ofynnodd Meredydd Evans, a oedd yn gweithio gyda'r BBC yng Nghaerdydd ar y pryd, a fyddai gen i ddiddordeb mewn sgrifennu cerdd go hir gyda golwg, efallai, ar ei theledu. Iawn, meddwn i. Canlyniad i hyn oll oedd imi fynd ati i ddarllen yn eang am yrfa Martin Luther King, a dwyn i gof delediadau o'i hanes. Fel Cymro, roeddwn i – ac eraill – yn meddwl fod gennym ni rywfaint o le i ddeall sefyllfa pobol ddu oedd wedi eu cyfrif yn rhai israddol ers iddyn nhw gael eu cartio i fod yn gaethweision i America a gwledydd eraill. 'Tae hi'n dod i hynny, roeddwn i'n teimlo'r un fath ynghylch Indiaid Cochion, pobol eraill oedd wedi eu cam-drin am ganrifoedd. Roedd sylwadau yr Elc Du, pennaeth yr Oglala Sioux, am bobol y diwylliant estron 'yn gwneud i ni ynysoedd bychain ... sydd o hyd yn mynd yn llai' yn berthnasol i'r Cymry hefyd – ystyrier y Fro Gymraeg, ac yn Iwerddon ystyrier y Gaeltacht. 'Rhywfaint o le,' meddwn uchod, achos er bod ein hiaith a'n diwylliant dan fygythiad ers canrifoedd, dydym ni – ar hyn o bryd – ddim mewn tlodi alaethus nac mewn peryg o weld ein cartrefi'n cael eu bomio a ninnau ein dinistrio.

Canlyniad hyn i gyd oedd cerdd ar gyfer y teledu o'r enw 'Cadwynau yn y Meddwl'. Wrth gyfansoddi'r geiriau roedd gen i luniau yn fy meddwl oedd yn cyd-fynd â nhw, ac y mae'r rheini i'w cael yn y gerdd a argraffwyd. Yr oedd llawer o'r lluniau hynny'n rhai yr oeddwn wedi eu gweld ar raglenni newyddion o America. Pan ddaeth hi'n fater o gynhyrchu'r rhaglen ei hun doedd gan Geraint Stanley Jones, y cyfarwyddwr, mo'r cyllid i fynd ar ôl y rheini, ac yr oedd o dipyn bach yn amheus o gael cymaint o stwff newyddion yn y rhaglen; felly y mae'r gerdd a ddarlledwyd dipyn yn wahanol i'r hyn yr oeddwn i wedi ei 'weld' yn fy mhen. Ond yr oedd i'r fersiwn a deledwyd rinweddau eraill nad oeddwn i wedi breuddwydio amdanynt. Mi ddylwn esbonio imi weld yn rhywle mai ystyr gwreiddiol y lle a ddaeth wedyn yn Memphis, yn yr Aifft, oedd 'muriau gwyn'.

Sut bynnag, fe ddaeth llinellau cyntaf y gerdd imi fel trawiadau gordd, ac yn debyg i ddefod:

> Yn Nhennessee, ym Memphis, y daeth yr awr.
>
> Yn Nhennessee, ar y muriau gwyn, y gwridodd angau.
>
> Yn Nhennessee y daeth y diwedd.
>
> ('Cadwynau yn y Meddwl', *Cadwynau yn y Meddwl*)

I gyd-fynd â hyn, fe welwn i gorff yn ddu yn syrthio i wagle tuag at y sgrin a hynny mewn symud araf (*slow motion*).

Fe ddyfynnaf un pwt arall o'r gwaith hwn – gan nodi cân ohono mewn man arall. Yr hyn yr oeddwn i'n anelu ato oedd cyflwyno Martin Luther King fel proffwyd neu, yn fwy cysáct, fel apostol, yn enwedig yr Apostol Paul, gan led-ddyfynnu o'r Beibl mewn rhai mannau. Y mae yna un man lle y daw hyn y glir iawn i unrhyw un a chanddo wybodaeth am yr Apostol Paul, oherwydd ystumio rhyw ychydig ar rai geiriau – yn II Corinthiaid, Pennod 6 yn benodol – a wneir yma. Daw'r geiriau sydd ar ddiwedd yr araith o lyfr y Salmau 27.13. Y mae'r digwyddiadau y cyfeirir atyn nhw yn rhan o brofiad Martin Luther King. King ei hun sydd fel petai'n llefaru'r geiriau:

'Myfi, oherwydd fy mhobol,
Mewn blinderau yn helaeth,
Mewn carcharau yn aml,
Mewn marwolaethau yn fynych.
Yn Alabama a Georgia carcharwyd fi ddeuddeg gwaith,
Dwy waith y bomiwyd fy nghartref:
Trywanwyd fi unwaith a bûm yn ymyl marw,
Beunydd y bygythiwyd fi a'm teulu;
Mewn teithiau yn fynych,
Mewn peryglon yn y strydoedd,
Mewn peryglon gan fy mhobol fy hun,
Mewn peryglon gan eraill,
Mewn peryglon yn y dinasoedd,
Mewn peryglon yn y lleoedd tawel,
Mewn peryglon ymhlith y brodyr gau,
Mewn llafur a lludded,
Mewn anhunedd yn fynych,
Mewn gwewyr ac ofn.
Diffygiaswn, diffygiaswn pe na chredaswn
Weled daioni yr Arglwydd yn nhir y rhai byw.'

('Cadwynau yn y Meddwl', *Cadwynau yn y Meddwl*)

Yn ei araith fawr am ei freuddwyd y mae King ei hun yn cadarnhau, fel petai, ei fod mewn llinach hen o rai a ysbrydolwyd (yn llythrennol) gan gymeriadau o'r Beibl, achos yr hyn a wnaeth o yn yr araith honno oedd sôn amdano ei hun fel Moses yn mynd i fyny'r mynydd i olwg Gwlad yr Addewid (Israel i'r Iddewon, Rhyddid a Chyfartaledd i bobol dduon) ond heb gael myned drosodd iddi – 'I may not get there with you'. Yr oedd yr araith hon yn araith gŵr dewr iawn, un a oedd wedi derbyn y gallai gael ei ladd. Er hynny, 'I ain't afeared,' meddai.

Y mae yna wahaniaeth arwyddocaol rhwng diwedd y fersiwn deledu o'r gerdd a'r diwedd yr oeddwn i wedi ei 'weld'. Adroddwyd pwt o araith King 'I have a dream' ar ddiwedd y telediad. Y diwedd a welswn i oedd hyn:

> *Dangos ffilm o ymladd rhwng du a gwyn – yn enwedig ... ffilm [Newyddion] o bobol wynion yn ysgwyd bỳs ag ynddo blant du ar eu ffordd i ysgol plant gwyn. Fferru'r ffilm ynghanol yr olygfa honno ac ynghanol y cythrwfl.*
>
> ('Cadwynau yn y Meddwl', *Cadwynau yn y Meddwl*)

Yr oedd hyn wedi digwydd. Ffordd o ddweud nad oedd y fuddugoliaeth yn gyflawn a therfynol oedd hon. Y mae hanes diweddar rhai rhannau o America yn cadarnhau'r diwedd hwnnw.

Efallai mai dyma'r lle gorau i sôn am hysbysebion, mater a grybwyllwyd yn gynt. Y mae'r rhain o'n cwmpas ni ymhob man, yn enwedig ar y teledu. Nid myfi'n unig, mae'n siŵr gen i, sydd wedi cael ei demtio i roi ei droed trwy sgrin ei set o wylltio wrth weld rhai ohonyn nhw; ond y mae ambell un ohonyn nhw yn ddigon clyfar. Yn y gerdd radio 'Cysgodion' yr hyn yr oeddwn i'n anelu ato oedd gor-wneud y gwahaniaeth rhwng pobol wedi eu creu gan hysbysebion, ar y naill law, a phobol 'anghyffredin' o gyffredin, ar y llaw arall. Dyma enghraifft o Olygfa Un, 'Teulu Swâf', y teulu hysbysebol, a Golygfa Un, 'Teulu Soch', y teulu gorgyffredin – yr oedd yr olygfa hon i fod i gyfleu Mr Soch a oedd rywbeth yn debyg i Andy Capp a oedd yn gymeriad cartŵn – yn y *Daily Mirror,* os cofiaf yn iawn:

GOLYGFA UN, SWÂF

[*Sŵn ceiliog. Cerddoriaeth fywiog, foreol.*]

LLAIS 1 (Gŵr):
Mae'r bore'n clochdar

A dyma lawenydd diwrnod newydd
Yn taslo trwy'r llenni
Wrth i Swâf a'i gymar, yn gynnar,
Lamu o'u dwfeti
I gyfarch y dydd.

[*Cerddoriaeth fywiog, foreol. Sŵn dŵr wedyn.*]

LLAIS 2 (Gwraig):
Dŵr a hufen addfwynwyn o sebon
Yn drochion-anwes afradlon
I ireiddio, hydreiddio, sidaneiddio, anwylo
Croen, a'i gadw fo yn fythol wyn.

[*Cerddoriaeth hysbysebu sebon.*]

Sa' a rhoi yna i S. R. ennu [ynganer EsArennu]
Dy ddannedd bâst yn anwedd ysgafn ar frwsh
I loywi gwên a llawenu pryd.
Hyfryd!

[*Cerddoriaeth hysbysebu sebon dannedd.*]

A ydych chwi'n cael eich digoni?

[*Cerddoriaeth hysbysebu llefrith.*]

Iechyd da efo peinta.
Tynnu gloywder y top
A ffrwd wen o enau'n
Arllwys nerth a phrydferthwch
Ar ysgyrion ŷd.

[*Cerddoriaeth hysbysebu Celogs.*]

Nid bore, bore heb Gelogs.

[*Yna canu ar gân Celogs.*]

LLAIS 1:

Agorwch chwi baced o gornfflêcs Celogs
A chroeso heulwen,
A chroeso heulwen.

Caeau ŷd yn hyfryd felyn,
Olyniaeth ddiderfyn o ysgubau aur
A'r rheini'n cael eu cynaeafu i'ch bwrdd
Yn greision heulwen.

[*Sŵn crensian. Cân Celogs eto.*]

Agorwch chwi baced o gornfflêcs Celogs
A chroeso heulwen,
A chroeso heulwen.

[*Canu'n darfod.*]

LLAIS 2:

A'r dirion wraig addfwyn
Yn telori yn y gegin
Wrth weld cig moch (glanwaith) coch
Yn cyrlio wrth ffrio
A'i aroglau fel dedwyddwch gweladwy
Uwchben y stôf.
Ham, heb amheuaeth,
Ydi llonder ein lluniaeth.

[*Cerddoriaeth hysbyseb ham.*]

LLAIS 1:

Yna cusana Swâf fin melfed ei fun,

Y min a lefeiniwyd â minlliw fioled
Cyn iddo gerdded i des y boreddydd.
Llawenydd!

[*Cerddoriaeth hapus hoyw. Mae'r gerddoriaeth yn stopio'n stond. Saib.*]

GOLYGFA UN, SOCH

[*Sŵn larwm.*]

LLAIS 3 (Gŵr):

[*Agor ceg.*]

A a o o o y y y h.

[*Daw sŵn pistyllio glaw.*]

A dyma fore Mr. a Mrs. Soch.
Ymbalfalu am gloc.
Glaw i'w glywed
Yn tatjian ar y ffenest.
Y wraig a'i brestiau'n fflopian
A'i gwallt wedi'i wefreiddio gan gyrlyrs
Yn stryffaglio i gael ei thraed i slipas.

A a o o o y y y h.

LLAIS 4 (Gwraig):
'Wel dyma uffar' o fora.'

[*Saib.*]

'Ty'd, yli ditha, coda.'

Y geiriau dethol yn ansicr ymdreiglo
Trwy glustiau'r cymar ysydd fel arad'
Yn rhychu'r gwely.
Dacw'r horwth yn camelu,
Yn araf eistedd, ymsythu,
Codi ac yn anelu'n anunion am y geudy.

[*Sŵn lle chwech.*]

LLAIS 3:
'Lle mae 'nannedd i?'

LLAIS 4:
'Wel 'dydyn nhw ddim gen i,
Mae hynny'n ddigon siŵr iti.
Ty'd, hel dy begla'.'

LLAIS 3:
Gwên anwynebog,
Mewn gwydr ar sil y ffenest
Mewn dŵr oedd wedi darfod ysu,
Ond a swigodd ar ôl llonyddu,
Wele begia' mashio'r wladwriaeth les
Yma, yn berlog, odidog res.

Ymddanheddu a slempan.

O o o a a a y y y h.

LLAIS 4:
'Yli, traed dani,
Shifftia'n blydi handi.'

Ac wele fwrdd.

LLAIS 3:
'Be 'di oed y bwyd adar?
Siwpyr i barot yn swpar
Fis yn ôl!
Ond bora 'ma 'dwi am basio
Ffŷst côrs a dechra' efo slops.'

LLAIS 4:
'Panad ddalith at senna'!
A 'llasat titha
Fentro trio'r Celogs 'na
Yn lle troi trwyn 'rôl diota.'

LLAIS 3:
Darnau oer o dôst,
Potel lafoeriog o sôs,
Tin potel o lefrith yn egru,
Cwlff o fara sgleis,
Briwsion. A dragon o wraig
Yn rhawio'n glympia' ddetholiad o'r rhain
I geubal ddiwala.
Ar ôl pwff ar ffag a the'n un jòch
I'r mwrllwch sur ymlwybra Soch.

('Cysgodion', *Cadwynau yn y Meddwl*)

Mi rown ni derfyn ar y sôn am hysbysebion trwy ddyfynnu cerdd sy'n ganlyniad i sgwrs a gefais i efo un o fy wyrion, sef Brychan, a oedd yn saith oed ar y pryd. Cerdded yr oeddem ni ar ein ffordd oddi wrth y bŷs ysgol un dydd Iau ym mis Tachwedd, ac o 'nunlle dyma hyn yn digwydd:

'Taid, y mae yna,' meddai,
'Soffas cyfforddus wyddost ti.'

'Ac ymhle, felly, y mae'r rheini?'

'Yn siop DI Eff Es.'

'A sut wyt ti yn gwybod hynny?'

'Gweld hynny wnes i, ar y teli.'

'O, felly!'

'Ac os gwnei di brynu soffa rŵan
Fe gei di hi yn dy dŷ cyn y Dolig.'

'Caredig,' meddwn innau, 'caredig.'
Ond doedd yna iddo fo –
Bendith arno –
Ddim modd i mi ymyrryd,
Yn eironig,
Ar hynawsedd y cynnig.

('Soffas', *Profiadau Inter Galactig*)

11
NATUR

Pan oeddwn i yn y Pumed Dosbarth yn yr ysgol elfennol daeth gŵr ifanc yno i weld sut yr oedd pethau'n gweithio cyn iddo fo fynd i'r Coleg Normal. Ted Breeze Jones oedd ei enw. Roedd yn naturiaethwr arbennig iawn, hyd yn oed yr adeg honno, ac yn adarydd di-ail. Fe enynnodd yr egin-athro hwn ddiddordeb mawr ym myd natur mewn amryw ohonom. Gan ei fod yn byw yn Stryd Dorfil, y stryd nesaf i'n stryd ni, gyda'i ewythr a'i fodryb, fe fyddwn i'n ddigon hy i alw yno ambell dro i weld a oedd o am ddod allan! Yr oedd yn ddigon graslon i fynd â mi, ac ambell gono arall, i'w ganlyn i weld rhyfeddodau natur rai troeon.

Efo fo yr oeddwn i pan welais i fwncath am y tro cyntaf erioed. Fe esboniodd imi sut yr oedd yr aderyn hwnnw yn hedfan, a gwnaeth imi wrando ar ei gri. Pan fyddwn i, ar fy hald yng Nghoed Cwmbowydd, yn dod o hyd i nyth, bron yn ddi-feth byddai Ted yn gwybod amdano'n barod. Un tro fe'm hysbrydolodd i fynd ati i gystadlu ar hel dail mewn math o ffair natur a gynhelid yn Llan Ffestiniog. Ar ôl bod wrthi'n hel gwahanol fathau o ddail a'u sodro nhw ar bapur, mi es â'r casgliad iddo fo i'w gweld. 'Ie,' meddai yn arwyddocaol. Yna daeth saib, 'Ond wyt ti ddim yn meddwl y gallet ti wneud y casgliad yma dipyn bach yn daclusach?' A dangosodd imi sut i wneud hynny. Enillais y wobr.

Fe barhaodd y diddordeb hwn yn y byd naturiol ac mewn adar hyd nes imi ddechrau cymryd diddordeb mewn math arall o 'adar'.

Ond ni chollais erioed y diddordeb yn llwyr. Flynyddoedd yn ddiweddarach roeddwn i mewn cynhadledd ar fyd natur ym Mhlas Tan-y-bwlch, Maentwrog. Roedd Ted yn darlithio yno gan ddangos sleidiau o wahanol fathau o adar a rhyfeddodau naturiol eraill. Efô ei hun oedd wedi tynnu'r lluniau, wrth reswm, ac mi sylweddolais nad naturiaethwr o athrylith yn unig oedd o, ond tynnwr lluniau tan gamp hefyd.

Erbyn hyn roeddwn i'n gweithio yn y coleg ym Mangor, a deuai Ted i stiwdio'r BBC yn y ddinas honno yn ei dro i gymryd rhan yn y gyfres o raglenni a elwid yn 'Byd Natur'. A dyma fi'n digwydd cyfarfod Ted ar un o'i ymweliadau, wrth yr eglwys gadeiriol, fel y cofiaf yn iawn. A dyma fi'n dechrau sôn wrtho am syniad oedd wedi bod yn crynhoi ynof fi am beth amser ar ôl darlith Tan-y-bwlch, gan ddweud hyn: 'Wyddost ti'r lluniau yna sy gen ti ...' Euthum i ddim pellach cyn iddo fo ddweud, 'Ac y mae Anwen [ei wraig] yn sôn am y geiriau yna sy gen ti ...'

Staff yr Adran Gymraeg yn y 1990au: Jason Walford Davies, Gwyneth Williams (Ysgrifenyddes), Gerwyn Wiliams, William R. Lewis; rhes flaen: Dafydd Glyn Jones, fi, Branwen Jarvis, Gruffydd Aled Williams

Ted Breeze Jones

Ar wahan i'n gilydd yr oeddwn i ac Anwen, a Thed yn ei sgil hi, wedi bod yn meddwl am yr un peth, sef fy mod i'n ceisio sgrifennu cerddi i gyd-fynd â ffotograffau gan Ted. 'Yli,' meddai, 'mi a' i ati i hel tipyn o sleidiau at ei gilydd, ac wedyn mi gei di ddŵad draw i edrych be sy'n bosib.' A dyna fu. Dyma fi draw i'r cartref yn Llandecwyn, ger Talsarnau ac, yn y man, dyma ni'n dau'n eistedd i wylio ugeiniau o sleidiau yr oedd Ted wedi eu dethol. 'Ardderchog, rydw i'n meddwl y galla i wneud rhywbeth efo hwn'na,' meddwn i wrth weld ambell lun, a 'Na, dydw i ddim yn meddwl y galla i wneud dim efo hwn'na,' am luniau eraill. Erbyn y diwedd yr oeddem ni wedi dewis tua hanner cant o luniau. Mi euthum â chopïau o'r rheini adref efo mi, a graddol ddechrau gwneud geiriau i fynd efo nhw – gan gael blas mawr ar y gwaith. Fe ddaru ni gyhoeddi dwy gyfrol o'r dyluniadau anifeilaidd hyn, sef *Anifeiliaid y Maes Hefyd*, ac *Yli* (fe ddewisais yr ail deitl ar ôl clywed fy nghyfaill Dewi Jones o Benllech yn sôn ei fod yn dweud 'Yli' i dynnu sylw ei wraig Magdalen at ambell i gerdd yn y llyfr cyntaf).

Rydw i'n cofio gweld llun gan Ted o gwtieir, ac yntau'n dweud eu bod nhw'n ei atgoffa fo – gan eu bod nhw yn ddu efo rhyw bwt o wyn – o offeiriaid, yn ymlwybro fel petaen nhw wedi cael dropyn yn ormod, gan eu bod nhw'n llithro ar y rhew. Ond, gan gydio yn yr awgrym crefyddol, yr hyn a welwn i yn y llun oedd gweinidogion gyda'r Annibynwyr yn mynd am eu te – gan gofio sylw a wnaeth R. Tudur Jones yn *Y Cymro* rywdro nad oedd o byth yn gweld gweinidogion yn mynd fraich ym mraich bellach fel yr oedden nhw'n arfer gwneud, am fod cysgodion gwrywgydiaeth dros bob agosrwydd rhwng dynion. Fe welir, unwaith eto, fod yma adleisiau o'r Ysgrythur, Salm 133.1 ('Wele mor ddaionus ac mor hyfryd yw trigo o frodyr ynghyd'), peth priodol mewn cerdd am 'weinidogion', gobeithio. Y cwtieir-weinidogion sy'n llefaru:

> 'Diau daionus ydyw
> A hyfryd hefyd yw
> Trigo o frodyr ynghyd.
> Megis, brynhawn, wrth ddychwelyd
> Trwy rew ac oerni bywyd
> Trwy aeaf a thrwy adfyd am de
> Undeb Annibynwyr Gwalia.
> Ar ôl dwys ymdrin â phethau
> Digalon, dyfnion yr hen fyd yma
> Dymunol, dymunol fydd hi, hogiau,
> Dros frechdanau brith a sgons

Boddi'r gaeaf mewn paneidiau
A thaenu adfyd efo jam.
Ie, daionus iawn a hyfryd
Ydyw trigo o frodyr ynghyd.
Ie wir, wir i chi,
Felly, felly y mae hi.'

('Cwtieir', *Anifeiliaid y Maes Hefyd*)

Y mae gen i fy hoff adar, gan ddechrau efo tylluanod. Ers tro byd rydw i wedi bod yn hel cerfiadau bychain ohonyn nhw, fel Ted yntau. Aderyn arall yr ydw i'n neilltuol o hoff ohono ydi'r crëyr glas, ac yna ambell i aderyn ysglyfaethus, gan gynnwys y gigfran. Y mae'r crëyr nesaf hwn, sydd o bryd i'w gilydd yn sefyll ar un goes yn ôl arfer ei hiliogaeth, yn athronydd a bardd – seithug ysywaeth – yn ogystal ag yn aderyn:

Â'i draed yn nyfroedd bywyd
Myfyria fyfyrdodau hud,
Gan bysgota syniadau
Â phicell ei feddwl weithiau.

Pendronwr dyfroedd einioes,
Meddyliwr meddyliau ungoes,
Sy'n athronyddu'r glennydd,
Yn frudiwr gwawr, bardd diwedydd.

Ar hwyr, ar awr ddiweddu,
Pa ystyr sydd o'r byw a fu?
Aderyn, nid ydwyt yn dwedyd:
Yr wyt yn ddieiriau, rwyt fud.

('Crëyr', *Anifeiliaid y Maes Hefyd*)

Yn fy marn i, un o swyddogaethau celfyddyd ydi gwneud i rywun ryfeddu – rhyfeddu at geinder neu ddaioni, neu at hagrwch a drygioni. Rhywbeth tebyg i hyn'na oedd y tu ôl i'r gerdd nesaf yma, i alarch du. Y mae'r llinell gyntaf yn adleisio pennill hyfryd gan Eifion Wyn: 'Dacw alarch ar y llyn / Yn ei gwch o sidan gwyn':

Dacw alarch ar y llyn –
Ond, 'rargian annwyl, beth yw hyn? –
Nid sidan ydyw hwn, ond du
Â'i wddw'n dorch wrth drin ei blu.

Dyma bererin o fro ysbrydoliaeth
Ddaeth yma o'r diriogaeth honno
I beri inni synnu, i'n sgytian a'n siglo,
I'n deffro o'r newydd, yn lle'n bod ni'n gaeth
I ffordd o fyw heb yna ynddi
Unrhyw ryfeddu,
I ffordd o fyw ddiweledigaeth.

('Dacw Alarch', *Yli*)

Yr ydw i, fel y dywedais i, yn ddyn tylluanod, ond yn ein llên gwerin, ac yn olion ein hetifeddiaeth hen, Geltaidd hefyd, aderyn drwgargoel oedd y dylluan, aderyn y tywyllwch ac aderyn angau, aderyn y Byd Arall, neu Annwn. Ond nid dyna ydi hi i mi, wrth reswm:

O hil hen y nos
Y mae hi, y dylluan,
Yn greadur y tywyllwch,
Creadur fforestydd cyntefig ein hofnau;
Mae'n breswylydd oer y mannau
Hynny lle y mae cysgod angau,

A'i sgrech hi yn y gwyll
Sy'n llunio, yn ein meddwl ni, ellyllon
A byd o ddefodau arswydus.
Y mae marc Annwn arni,
Heintiau dreng mynwentydd,
A dyheadau gwrach.

Ond, nefi, welsoch chi
Yn eich byw unrhyw bethau delach
Na dau gyw tylluan fach?

('Dau Gyw Tylluan', *Yli*)

Yn fy nhro, rydw i wedi cael y fraint o gydweithio efo'r arlunydd Jac Jones, a chael mwynhad mawr o hynny. Y tro cyntaf inni gydweithio oedd pan wnaeth o'r lluniau i gyd-fynd â chyhoeddiad Barddas o'r gerdd 'Drama'r Nadolig'. Yna buom yn cydweithio ar gyfres o bortreadau o gathod a oedd yn seiliedig ar raglen radio y gofynnodd Gwyn Cadnant Griffith amdani, *Sawl Math o Gath* (Gwasg Carreg Gwalch). Dyma bwt am un o'r cathod hynny, sef Zoë Michelle – hi sy'n siarad:

> O, mi fuaswn i'n leicio cael nicyrs pinc; pinc golau efo gloynnod byw glas golau yma ac acw arno fo. Mi allwn i ei ddangos o'n neis iawn a gyrru'r hen hogiau yma'n wirion. Er – 'wn i ddim a allwn i eu gyrru nhw'n fwy gwirion nag ydyn' nhw'n barod. Mae eisio rhywun gwirion iawn i gynnig sardîn i mi! Be mae'r Main yn ei feddwl ydw i – fiw imi fwyta pob anialwch neu mae'n beryg imi fynd i edrych yn debyg i'r gang dew yna sy hyd y lle yma. Bwyta popeth, ymarfer dim – dyna'r ffordd i fynd i edrych fel y rhain. Gwybod dim byd am fwyd iach a deiet. Deiet! 'Dydi'r tinau eliffantod sy o gwmpas fan'ma ddim yn gwybod be ydi ystyr y gair.
>
> (*Sawl Math o Gath*)

Sawl Math o Gath, Gwasg Carreg Gwalch, 2002

Un tro yr oedd Jennifer, fy ngwraig, a minnau wedi medru mynd ar daith i Tjeina, gwlad ryfeddol. Efallai y medraf ochor-gamu am funud ac adrodd un stori am y daith honno. Roedd ein tywysydd am fynd â ni, yn griw bach, i un o barciau mawr y wlad. 'Welwch,' meddai wrthym cyn inni fynd yno, 'mi ddowch ar draws pobol nad ydyn nhw erioed wedi gweld Ewropeaid ac, yn fwy na thebyg, mi fyddan nhw eisio cael tynnu lluniau ohonoch chi neu gael tynnu lluniau ohonynt eu hunain efo chi.' Iawn; ac i ffwrdd â ni. Ac wele, gwir ydoedd gair ein tywysydd. Ond am ryw reswm, cwbwl anesboniadwy i mi, roedd yna geisiadau fyrdd gan bobol i gael tynnu eu lluniau gyda mi. Mwy na hynny, yr oedd yna ferched ifainc yn dod ataf gan ofyn imi gusanu eu babanod, peth oedd yn fwy anesboniadwy fyth i mi. Yn y cefndir mi welwn ein tywysydd yn lled-owenu, fel y gallai'r Bardd Cwsg fod wedi dweud. Ar ôl y perfformans yma dyma ni'n griw yn ein blaenau i rywle arall. A dyma fi'n gofyn i'n tywysydd beth oedd ystyr y styffîg yna yn y parc. Gwenodd, yn llydan y tro hwn, a dweud wrthyf fy mod i 'yn debyg iawn i dduw hirhoedledd Tjeina'!

Sut bynnag, un bore draw draw yn Tjeina dyma fi'n deffro efo pennill byr yn fy mhen. Hynny ydi, y mae'n rhaid fy mod i wedi breuddwydio'r pennill. Dydi hyn ddim yn gwbwl eithriadol: y mae pobol eraill wedi dweud wrthyf eu bod nhw wedi 'breuddwydio' llinellau fel hyn. Fe welodd Syr Thomas Parry lun o bennau gwaywffyn yn y gwynt a ddaeth â llinell o gynghanedd iddo fo yn ei gwsg, llinell a ychwanegodd at un arall i wneud pennill o gywydd – yn anffodus dydw i ddim yn cofio'r llinell honno. Ond yr ydw i'n cofio llinellau a ddaeth i'm cyfaill Derwyn Jones, Llyfrgellydd Cymraeg Coleg Bangor mewn breuddwyd. Dyma ei stori o. Yr oedd o, meddai, yn cymryd rhan mewn cystadleuaeth farddoni yn Eisteddfod Môn a oedd yn cael ei chynnal ym Mae Trearddur. Fel sy'n naturiol mewn breuddwyd, fo oedd y beirniad, ond yr oedd o'n gystadleuydd hefyd. Y dasg a osododd o i'r beirdd oedd cyfansoddi cwpled yn cynnwys yr enw lle 'Trearddur'.

Yna aeth ati i gyfansoddi ei gynnig ei hun, a dyma'r campwaith:

> Ym Mae Trearddur mae tri o hyrddod
>
> Hynod swynol a dau o asynnod.

Fel beirniad yn ei freuddwyd, fe sylwodd fod bai yn y cyfansoddiad, a'r bai y sylwodd o arno oedd 'gormod odlau'. Yna dyma fo, yn ei swydd fel beirniad, yn edrych ar y gynulleidfa ac yn dweud wrtho'i hun, 'Y mae John Morris-Jones wedi marw, a fydd neb o'r rhain ddim callach,' gan ddyfarnu iddo'i hun, y bardd, farciau llawn.

Dydi fy llinellau i'n ddim byd i'w gymharu a'r campwaith yna. Y llinellau a ddaeth i mi oedd:

> Nid creadur i'w anwylo
>
> Ydi'r Armadilo.

Jac Jones

Dyna imi greadur â'i enw'n dechrau efo 'A'. Y syniad a ddaeth imi wedyn oedd 'Beth am wyddor o anifeiliaid?' A dyna sut y daeth y gyfrol fach *Ani-feil-aidd* rhwng Jac Jones a minnau i fodolaeth. Wele rai perlau ohoni hi:

C: CROCODEIL
Y mae pob Crocodeil
Yn cadw anferth o ffeil
Sy'n cynnwys enwa' a chyfeiriada'
Pawb y mae o wedi eu bwyta.

CH: CHWADAN
Braidd yn fflat-wadan
Ydi pob Chwadan.

E: ELIFFANT
Dydi bod yn athro plant
Ysgol feithrin ddim at ddant
Yr un Eli-ffant.

LL: LLEW
Y mae hi'n rîli anodd
Bod yn Llew efo'r ddanno'dd.

N: NEIDR
Gelwir pob Neidr
Sydd wedi colli ei hiss
Yn Mith.

(*Ani-feil-aidd*)

Portread Jac Jones o'r 'Chwadan' yn *Ani-feil-aidd*, Gwasg Gomer, 2011

12
CANEUON

Ac yn awr, 'cerddoriaeth'. Nid y fi fyddai'r cyntaf i ddod i feddwl neb o glywed y gair hwn; yn wir byddai gennyf siawns go dda, ymhlith y rheini sy'n fy adnabod, o fod yn olaf. Ond yr ydw i wedi adnabod cerddorion o fri, ac y mae gen i nifer o gyfeillion sydd yn gyfansoddwyr enwog iawn, ac rydw i wedi cydweithio gydag amryw ohonyn nhw. Ar ôl imi ddod yn aelod o staff yr Adran Gymraeg ym Mhrifysgol Cymru, Bangor fe ddeuthum i adnabod y cyfansoddwr William Mathias yn dda.

Fe ofynnodd imi gyfansoddi carol iddo fo ei gosod hi, ac mi wneuthum. Yn 1967 fe gynhaliwyd yr Eisteddfod Genedlaethol yn y Bala, ac fe gomisiynwyd Wil a minnau i greu gwaith gweddol hir ar gyfer plant, y gwaith hwnnw i'w berfformio mewn cyngerdd yn yr eisteddfod. Gan mai un o'm hoff chwedlau ydi 'Culhwch ac Olwen' mi es ati i lunio libreto wedi ei seilio ar y chwedl honno. Yr oeddwn i, wrth reswm, wedi dweud wrth Wil nad oeddwn i'n gallu darllen cerddoriaeth, ond bod gen i (fi sy'n dweud) amcan go dda am rythm (sef curiad calon unrhyw farddoniaeth ac, o bosib, unrhyw gerddoriaeth). Y mae'n g'wilydd gwarth arnaf fi nad ydw i'n gallu darllen miwsig achos fe gefais i ddwy flynedd o wersi gan athrawes a cherddor medrus iawn, sef Katie Pleming – heb sôn am arteithiau gorfod canu yn y cyfarfod plant yn y capel, a elwid yn Band of Hope, a chanu dan gyfarwyddyd fy mhrifathro, J. S. Jones, yn yr ysgol elfennol pan ddeuai hi'n amser Cyfarfod Canu Ysgolion y Fro yng Nghapel y Tabernacl yn ei dro.

Ond doedd ymarfer ar y piano ac ati o ddim diddordeb i mi: yn hyn o beth rydw i'n gwbwl wahanol i'm hen ffrind John Rowlands. Gan ei chwaer, Catrin y cefais i'r stori yma: yn hogan, roedd hi'n cael gwersi piano yn Nhrawsfynydd, ac ar dro fe âi â'i brawd bach ifanc iawn, John gyda hi i'r wers. Un dydd, wrth iddi hi stryffaglio trwy ryw ddarn, dyma'r hogyn bach yn dweud, 'Rydw i'n gallu gwneud hyn'na'. Fe'i gosodwyd wrth y piano, ac wele, yr oedd o hefyd. Dyna ydoedd dechrau ei yrfa gerddorol. Mi ychwanegaf ei fod yn gerddor gwirioneddol ardderchog – wrth imi ysgrifennu'r geiriau hyn mi allaf ei weld o ar lwyfan neuadd Ysgol Sir Ffestiniog yn tynnu'r seiniau pereiddiaf o'r piano, gan wneud hynny'n gwbwl ddigiamocs, onid gan edrych yn syth yn ei flaen heb ddangos dim teimlad. Dyna John; ond, fel y dywedais, tra gwahanol oeddwn i.

O edrych yn ôl, rydw i'n beio Miss Pleming am wahanu, yn fy ngwers gyntaf, nodau ar y copi fel hyn: mewn sgôr gerddorol, ar y llinellau y mae'r nodau EGBDF, ac yn y llefydd gwag rhwng y llinellau y mae'r nodau FACE. Roeddwn i mor athrylithgar o dwp fel na wnes i ddim cysylltu'r ddwy res a sylweddoli fod yna rediad yr wyddor EFGABCDE ar y dudalen nes fy mod i'n ddyn. Hyn, yn fy marn i, ddaru lesteirio fy natblygiad i fel cerddor!

'Wyddai Mathias ddim byd am hyn, neu mae'n debyg na fyddai o wedi gadael imi ddod o fewn milltir i'w gerddoriaeth. Fel yr oedd hi, roedd o'n gadael i mi lunio'r geiriau, gan gadw gwahanol rythmau'n ddigon taclus, ac yna âi yntau ati i osod y geiriau i gerddoriaeth. Fe ofynnais iddo unwaith a oedd yna unrhyw beth a fyddai'n amharu ar lif ei gyfansoddi. Yr ateb oedd, 'Fan hufen iâ'. Bob tro y deuai honno o gwmpas gan ddatgan ei phresenoldeb efo 'Just one cornetto', neu beth bynnag arall oedd y 'miwsig', byddai'n rhaid iddo roi'r gorau iddi nes y byddai'r fan wedi cilio. Fe gyhoeddwyd *Culhwch ac Olwen* gan

Wasg Prifysgol Cymru yn 1971. Dyma gân Olwen o'r cyfansoddiad hwnnw:

> Mae cynnwrf o sidan o'i mantell goch syfrdan,
> Sŵn defnydd yn chwiban lle cerdda,
> Daw hi fel y gwanwyn, yr haul a'r twf addfwyn,
> Fel egin a glaslwyn a hindda.
>
> Ei gwallt sy'n fwy melyn na nodau ar delyn,
> Na blodau a melyn banadlwyn,
> Can wynnach na thonnau yw'r cnawd dan y golau
> Neu wyn pren afalau ar wanwyn.
>
> Lliw'r heulwen sydd arni, lliw glân y goleuni,
> Addfwynder sydd iddi, y feinwen.
> O'i hôl lle y cerddai y meillion 'flodeuai,
> Am hynny pawb 'alwai hi'n Olwen.

William Mathias

Rai blynyddoedd yn ddiweddarach fe gomisiynwyd y cyfansoddwr Geraint Lewis a minnau gan drefnwyr Gŵyl flynyddol Cricieth (1999) i greu 'opera i'r gymuned', sef opera efo plant ysgol ynddi ynghyd â chantorion ac offerynwyr proffesiynol. 'Culhwch ac Olwen' oedd y dewis eto. Gwyn Vaughan Jones oedd yn cyfarwyddo'r cyfan. Fe gafwyd perfformiadau gwirioneddol ragorol. Ar ôl mynd i'r drafferth o gyfansoddi geiriau'r gwaith yn Gymraeg a Saesneg, llawn cystal iddo fod ar gael i eraill roi cynnig ar ei gyflwyno, felly beth am ei gyhoeddi – dyna fy safbwynt i. A dyma geisio cael gafael ar y gerddoriaeth gan fy nghyfaill Geraint. Yn y chwedl am Gulhwch fe osodir tasgau eithriadol o anodd iddo fo eu cyflawni gan dad Olwen, sef Ysbaddaden, cawr annymunol iawn, cyn y caiff o ganiatâd i'w phriodi hi. Petai Ysbaddaden wedi gofyn i Gulhwch gael gafael ar y gerddoriaeth hon byddai'n dal yn hen lanc.

Rydw i'n sôn mewn man arall am 'Cadwynau yn y Meddwl'. Roedd yna ganeuon yn y gwaith hwnnw, gwahanol fathau o ganu gwerin pobol dduon America, rhai fel *soul* a *blues* a *gospel.* Meredydd Evans oedd wedi gofyn am y gwaith hwn i ddechrau, a phwy well i gyfansoddi cerddoriaeth i'r fath ganu na fo'i hun, a oedd nid yn unig yn awdurdod ar ganu gwerin, ond hefyd wedi byw yn America. Efô a gyfansoddodd y gerddoriaeth i gyd-fynd â'r geiriau canlynol lle y mae Martin Luther King yn sôn am ei weledigaeth fawr:

Mae gen i freuddwyd am y wlad
Lle bydd pawb yn bobol,
Lle na fydd gormes na nacâd
Na chas byth mwy dragwyddol.

Mae gen i freuddwyd am y wlad
Lle bydd diwedd angau,
Lle na fydd cynnen, trais, na brad,
Lle na fydd ofn cadwynau.

Mae gen ni freuddwyd am y wlad
Lle bydd cariad yno,
Lle na fydd dicter mwy, na llid,
Lle na fydd neb yn wylo.

A disglair ydyw'r muriau mawr
A hardd fel môr o wydyr,
A'r pyrth a egyr yn y wawr
I fyd a fu ar grwydyr.

('Mae Gen i Freuddwyd', *Gweddnewidio*)

Mae Gen i Freuddwyd

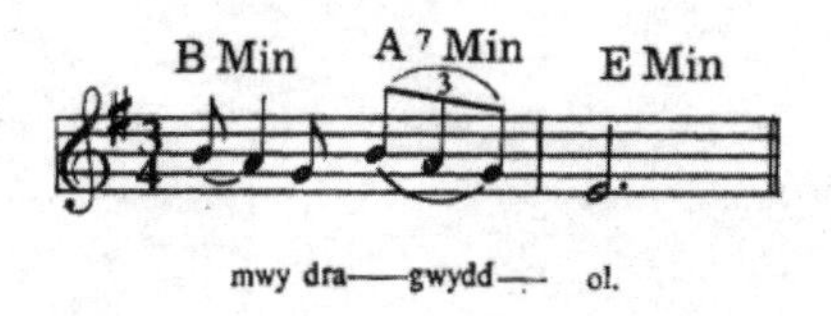

Dr Meredydd Evans

Fel dramodydd a llenor y mae William R. Lewis yn adnabyddus. Fe fu'n gydweithiwr â mi ym Mangor am sawl blwyddyn. Fe fu, yn ei ddydd, yn aelod o grŵp pop, ac y mae'n dal i allu strymio gitâr yn fedrus. Ar un neu ddau o achlysuron bu o a minnau'n cydweithio ar ambell beth – y fi oedd ei libretydd, chwedl yntau. Un o'r caneuon hynny ydi 'Milwyr'. Cân am y Rhyfel Mawr ydi hon yn fwyaf penodol. Yr hyn y ceisiwyd ei gyfleu ydi'r tristwch a'r hiraeth am y trueiniaid a gollodd eu bywydau, yn ogystal â'r gwastraff dychrynllyd a fu:

Mae'r pabi yn loyw
Fel gwaed yn yr ŷd
A'r gwŷr ieuainc gwelw
Yn fyddar a mud
Yn gorwedd yn ddistaw
Hyd ddiwedd y byd.

Mae'r haul mawr yn ddisglair,
Daw'r ffrwyth yn ei bryd;
Ond 'rhain sydd yn ddiwair,
Yn ddiwair cyhyd,
Yn gorwedd yn ddistaw
Hyd ddiwedd y byd.

Mae'r lleuad yn llawnder
O felyn trwm, drud
Uwch llymder a gwacter
Y gwelw eu pryd
Sy'n gorwedd yn ddistaw
Hyd ddiwedd y byd.

Mae'r ddaear yn deffro,
Yn deffro o hyd;
A'r rhain ynghwsg heno
Â phridd ar eu hyd
Yn gorwedd yn pydru
Hyd ddiwedd y byd.

('Milwyr', *Gweddnewidio*)

Milwyr

(Y gerddoriaeth: William Lewis)

Penillion 1, 2 a 3

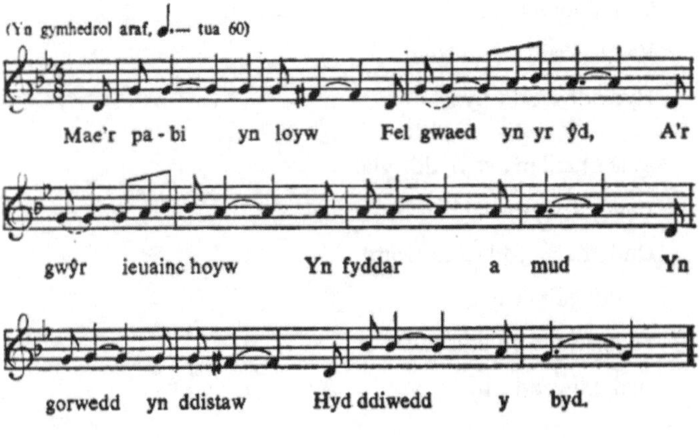

(Yn gymhedrol araf, ♩. — tua 60)

Mae'r pa - bi yn loyw Fel gwaed yn yr ŷd, A'r

gwŷr ieuainc hoyw Yn fyddar a mud Yn

gorwedd yn ddistaw Hyd ddiwedd y byd.

13
BBC

Ar ôl imi gyhoeddi darlith yr oeddwn wedi ei thraddodi yn un o gynadleddau'r Academi Gymreig, sef 'Llunyddiaeth y Bobl', yn *Taliesin* 35, mi gysylltodd Geraint Stanley Jones, a oedd yn Rheolwr BBC Cymru, â mi yn gofyn a fyddwn i'n fodlon mynd draw i dreulio blwyddyn gyda'r gorfforaeth honno – gan fod yna olwg am sianel Gymraeg yn y man. Fe fyddai'r BBC yn talu i Goleg y Brifysgol, Bangor am fy ngwasanaeth. Mi gytunais, ac fe dreuliais y rhan fwyaf o'r flwyddyn academaidd 1980–81, rydw i'n meddwl, yng Nghanolfan y BBC yn Llandaf, a pheth o'r amser yng Nghanolfan y BBC ym Mangor. Fe benodwyd Owen Roberts i ofalu amdanaf, ac i drefnu imi fynd i ble bynnag y dewiswn. Bu'n flwyddyn ddiddorol i mi, a gobeithio fod yr awgrymiadau a wneuthum i Geraint ynghylch rhaglenni ac ati wedi bod o fudd.

Un o f'awgrymiadau oedd y gellid addasu defnyddiau estron (nid stwff Saesneg) o safon dechnegol dda yn rhatach nag y gellid cynhyrchu rhaglenni gwreiddiol, yn enwedig rhaglenni plant, ond nid y rheini'n unig. Wrth chwilota fe ddeuthum i wybod fod yna rai actorion estron nad oedden nhw'n gwneud fawr mwy na throsleisio rhaglenni i wahanol ieithoedd, fel nad oedd eu hwynebau'n gyfarwydd i unrhyw gyhoedd: roeddwn i'n meddwl fod yna bosibiliadau i rai felly yng Nghymru.

Yr oeddwn i'n awyddus i weld sylwebaeth Gymraeg ar bob math o

Geraint Stanley Jones

chwaraeon, nid rygbi a phêl-droed yn unig. Yr oeddwn i, hefyd, yn fy niniweidrwydd, am weld rhaglenni, dyweder, ar bynciau poblogaidd, megis sêr Hollywood ac ati, yn Gymraeg, a rhaglen holi lle y gwahoddid gwahanol bobol i'r stiwdio i ddewis tua phum golygfa o'u hoff ffilmiau, a dweud gair amdanyn nhw. Ond, OND byddai pethau felly'n llawer rhy ddrud. Y mae yna ystyriaethau ariannol sylweddol ynglŷn â'r math o raglenni sy'n bosib eu cyflwyno ar unrhyw sianel, yn enwedig sianel Gymraeg. Fe luniais nifer o raglenni enghreifftiol, gan gynnwys rhaglen gartŵn am ddraig nad oedd yn beryg i neb, ac un rhaglen ar Hitler gan weithio iddi ddarnau o gerddoriaeth Wagner. Yn y rhaglen am Hitler roeddwn i'n awyddus i bron y cyfan o'r hyn a ddangosid ar y sgrin fod yn ddyfyniadau o ffilmiau newyddion hanesyddol o'r Ail

Ryfel Byd gan Brydeinwyr, Almaenwyr ac Americaniaid. Nod y rhaglen oedd gosod Hitler mewn cyd-destun diwylliannol Wagneraidd, nid cyflwyno rhaglen fel y rheini sy'n cael eu bythol deledu'r dyddiau hyn.

Dyma bwt o ddiwedd y rhaglen. Y mae'r gerddoriaeth i fod i awgrymu ac i gyfleu cyswllt rhwng syniadau Hitler ac argraff o orffennol yr Almaen.

SYLWEDYDD: Ei gwenwyno ei hun a wnaeth Eva Braun [cydymaith Hitler]; un ai ei saethu ei hun, yn ei geg neu yn ei arlais, neu ei wenwyno ei hun a wnaeth Hitler.

Llun o dân mewn adfeilion.
Geiriau: 30 Ebrill, 1945
SYLWEDYDD: Aethpwyd â'r ddau gorff i ardd y byncer, eu socian nhw â phetrol, a'u rhoi ar dân.

Lluniau o Rali gynharach yn Nuremberg o dan y fflamau, a lluniau o Hitler yno.
SAIN: *Recordiad o'r cyhoeddiad gwreiddiol Almaeneg am farwolaeth Hitler ar Radio'r Almaen.*
CERDDORIAETH: Symudiad araf Seithfed Symffoni Bruckner, ei stopio.
SYLWEDYDD: Fe gwympodd ein Fuehrer, Adolf Hitler, heddiw yn ei bencadlys yng Nghangelloriaeth y Reich. Ymladdodd hyd ei anadl olaf yn erbyn Bolshefiaeth.

Y tân yn yr adfeilion.

Llun o ddyfroedd duon y Rhein [sy'n cysylltu â dechrau un y rhaglen], golau aur y machlud arni. Toddi i dywyllwch.
SAIN: *Diwedd Götterdämmerung, Wagner.*

Rhy ddrud eto. Felly roedd yna gyfyngiadau ariannol amlwg iawn yn mynd i fod ar y sianel newydd.

Fe gefais bob cymorth gan bobun y deuthum ar eu traws yn y BBC y flwyddyn honno, a chan Gareth Price, John Hefin, John Watkin, Gwenlyn Parry, Dyfed Glyn Jones, Mervyn Williams, Brynmor Williams ac Emlyn Davies yn arbennig. Cefais hefyd ambell sgwrs ddiddorol a buddiol iawn efo fy nghyfaill John Ormond, a chefais gyfle i dreulio peth amser difyr gyda'm cyfaill Gwyn Erfyl, a oedd yn gweithio i Deledu Harlech. Bûm ar setiau *Pobol y Cwm* a'r ddrama gyfres *Lloyd George*, ac allan yn ffilmio gydag ambell griw, gan ychwanegu at fy ngwybodaeth a'm profiad ymarferol o waith camera, goleuo, a sain. Gwelais bobol yn golygu defnyddiau ar gyfer eu teledu. Roedd hyn i gyd yn dra diddorol i mi ac yn cysylltu'n dda efo fy ngwybodaeth eang (os caf ddweud) o ffilmiau, gwybodaeth yr oeddwn i wedi ei chodi'n reddfol trwy eu gwylio – yr oeddwn i, rŵan, yn gweld beth oedd yn digwydd y tu ôl i'r camera. Er, y mae'n rhaid imi ddweud imi ddod i sylweddoli y gall gweithio yn ffilmio am gyfnodau maith fod yn fwy blinderus nag y mae amryw yn tybio – fel y dywedodd yr hen arwr hwnnw, Robert Mitchum, 'I gave up being serious about making pictures years ago, around the time I made a film with Greer Garson and she took 125 takes to say "No".'

Daw un neu ddau o ddigwyddiadau i'm cof wrth imi feddwl am y flwyddyn honno. Dyna olygfa agoriadol y gyfres ar Lloyd George, er enghraifft, gyda golwg ar y gwron hwnnw ar gefn beic hynafol – saethiad diddorol a oedd yn tynnu sylw ac yn dal sylw: hynny ydi, ffilmio a theledu effeithiol. 'Da iawn, John Hefin', a oedd yn cyfarwyddo'r cyfan. Ond, atolwg, dyma neges gan un o ferched Lloyd George: 'Doedd fy nhad ddim yn gallu reidio beic'! Ond, mewn ffilmiau, fel mewn un math o hanes, 'Print the legend' ydi hi, chwedl y gohebydd yn *The Man who Shot Liberty Valance*, ffilm a gyfarwyddwyd gan John Ford.

Wedyn, dyna'r tro hwnnw pan oeddwn i efo criw yn Nhremadog, ar ben y clogwyni yna sydd yr ochor arall i'r ffordd i gaffi Eric Jones, y dringwr. Roedd Iolo ap Gwynn, sydd yn eithaf dringwr ei hun, wedi cael ei ffilmio am ryw ugain munud yn gweithio ei ffordd yn ofalus a chyfrifol i fyny wyneb y clogwyn. Erbyn iddo gyrraedd y copa, sylweddolwyd fod yna ryw gelficyn hanfodol wedi ei adael ar ôl yn y gwaelod. Dyma anfon galwad i Eric Jones, a dyma hwnnw – a'r celficyn – i fyny'r clogwyn mewn chwiffiad.

Yr ydw i erbyn hyn yn meddwl, neu'n camsynio, fod teledu'r dyddiau hynny, at ei gilydd, yn fyw diddorol nag ydi o'r dyddiau hyn. Gan fod yna gymaint o sianeli bellach y mae'r diffyg gwreiddioldeb cyffredinol sydd drwyddyn nhw i gyd yn affwysol, a'r dynwared a'r unpetheurwydd sydd ynddyn nhw'n ormesol. Meddyliwch am y niferoedd o raglenni coginio, garddio, natur, crwydro, dillad, trwsio tai, neu rai'n hyrwyddo boncyrusrwydd sydd yna – heb grybwyll dim ond rhai mathau – ac y mae'r enaid yn crino.

Yn y BBC mi sylweddolais hyn: pe baem ni'n cael sianel deledu Gymraeg, byddai'n rhaid cael pobol wedi eu hyfforddi i weithio arni. 'Pe baem yn cael y sianel'! Fe gofia rhai fod Thatcher a'i chriw wedi ceisio rhoi ffon yn yr olwyn hyd yn oed yn y dyddiau hynny. Da y cofiaf y fraint a gefais o drafod efo Gwynfor Evans yr holl ymgais

i dorri addewidion a wnaethpwyd pan oedd o ar ymweliad â Chanolfan y BBC un dydd. O sylweddoli'r angen oedd i ddod – gobeithio – fe benderfynais y byddai sefydlu cyrsiau prifysgol ar sgriptio, ac ar ffilm a ffilmio, yn bwysig, gan gyfuno hyn – ym Mangor – â chyrsiau ar y Ddrama gan William R. Lewis, ac fe wneuthum hynny. Euthum ati'r flwyddyn honno, ac wedyn, i ddarllen yn helaeth yn y maes 'academaidd' ar y pynciau hyn; gan osod hyn i gyd ar sylfaen y profiad ymarferol yr oeddwn i wedi ei gael gyda'r BBC. Y mae beirniadaeth gall ar ffilmiau yr un mor gymeradwy, yn fy marn i, â beirniadaeth gall ar lenyddiaeth.

14
PLANT

Pan anwyd plant Jennifer a minnau, tri ohonynt, sef Rhodri, Ceredig a Heledd, mi ddigwyddodd yna rywbeth rhyfedd i mi, fel yr ydw i wedi ceisio dweud yn rhywle o'r blaen: daeth y *teimlad* o fod yn blentyn yn ôl imi, i raddau, wrth imi weld fy mhlant fy hun yn mynd trwy eu pethau. Y mae hyn yn fater gwahanol i *gofio* pethau o'm plentyndod – yr ydw i, hyd yn hyn, yn gallu cofio fy mhlentyndod yn eithaf manwl. Fe ddaeth ystyried hyn â syniad i 'mhen i, sef ein bod ni i gyd yn cael rhyw fath o adnewyddiad yn ein plant, a'n bod ni i gyd yn cael ail adnewyddiad pan gawn ni wyrion.

Priodas Jennifer a fi, 1964

Wyrion: Gruff, Cerys, Iolo; (blaen) Brychan, Ynyr, Cai

Y mae gennym ni chwech o wyrion. Y mae tri, sef Cerys, Cai a Gruffudd, yn byw yn Llundain, yn Northolt, hanner milltir o'r eglwys lle bu Goronwy Owen yn offeiriad. Saesnes – gefnogol iawn i'r Gymraeg – ydi Sharon, gwraig fy mab Ceredig. Er ei fod o wrthi efo'i waith o fore gwyn tan nos, bob dydd ar wahan i fwrw Suliau a gwyliau, mi wnaeth o benderfyniad mai Cymraeg yn unig fyddai o'n siarad â'i blant, a dyna un rheswm pam y maen nhw i gyd yn ddwyieithog. Nid peth hawdd oedd gwneud hyn, ac rydw i'n falch iawn o'i gamp o, camp a gafodd gymorth enfawr gan Ysgol Gymraeg Llundain. Roedd y teulu'n ffodus o fod o fewn cyrraedd i'r ysgol honno: y mae'n bwysig i'r anghyfarwydd sylweddoli nad ydi hi ddim yn bosib i lawer o blant Cymry Llundain ei chyrraedd hi. Wele olygfa Lundeinig: Sharon a mam arall ddi-Gymraeg yn disgwyl y plant o'r ysgol mewn parc, a dyma greadur yn dod o goeden ar y gwair. Meddai'r Fam Arall: 'Isn't that a *cadno*?' Sharon: 'Surely that's a *wiwy*.' Y mae gan ein merch Heledd a'i gŵr Simon, sydd wedi dysgu Cymraeg, hefyd dri o blant, Brychan, Ynyr, a Iolo. Y mae'r ddau sy'n ddigon hen i siarad yn ddwyieithog hefyd; *dwy*-ieithog am eu bod nhw, fel holl blant ein haelwydydd cwbwl Gymraeg ni bellach, rywsut yn amsugno'r Saesneg o'r amgylchfyd. Ar ôl yr ail adnewyddiad efo'i wyrion bydd dyn, fel arfer, yn ei gwneud hi am yr *exit*.

Y mae gwreiddioldeb a diniweidrwydd plant, a'u hysbeidiau o grincyddiaeth, yn ogystal â gofidiau a phryderon y cyfrifoldeb amdanynt – heb anghofio eu mynnu priodol nhw i fod yn nhw eu hunain ac nid yn fersiynau bach o'u rhieni – yn wirioneddol ryfeddol. Dyma un enghraifft o beth ydi bod yn blentyn: un o fy wyrion, newydd gael ei bump oed, yn cymryd rhan mewn ymarfer drama o ryw fath yn y capel, ac wedi mynnu mynd yno wedi ei wisgo yn ei siwt Spiderman. Dyma'r hyfforddwraig yn ei enwi, a gofyn iddo, 'Ynyr, wnei di symud dipyn bach ffor'cw?'. Dim ymateb. Yna ei fam yn dweud wrth yr hyfforddwraig mai 'Spiderman ydi o heddiw'. Yr hyfforddwraig yn aileirio ei chais, 'Spiderman, wnei di symud dipyn bach ffor'cw?' Yr arwr yn symud yn syth.

Plant ydi'r byd yn ei adnewyddu ei hun. Er, ac y mae rhyw 'er' yn codi o hyd ac o hyd; y mae'r 'er' hwn yn codi o frawddeg a ddarllenais yn ystod y cyfnod yr oeddwn i'n sgrifennu'r adran hon. Y mae hi'n peri inni feddwl am y math o amodau yr ydym ni'n byw ynddynt. Clive James, yr Awstraliad, a oedd ar ei ffordd i Brydain mewn llong, biau'r frawddeg. Fe ddaru'r llong oedi yn Aden. Roedd yr hyn a welodd o yno yn ei ddychryn: 'Cardotwyr yr oedd eu hwynebau wedi cael eu llyfu ymaith gan gamelod yn cynnig [inni] blant yr oedd eu hesgyrn wedi eu malu'n fwriadol ar eu genedigaeth'. Y mae'n byd ni fel yna hefyd.

Sut bynnag, fe'm cefais fy hun yn dal sylw ar ambell beth trawiadol yr oedd fy mhlant i fy hun a'u ffrindiau yn eu dweud a'u gwneud. Er enghraifft, dyma fy mab hynaf, Rhodri, yn fabi, yn edrych ymlaen yn eiddgar at ddyfodiad y lorri ludw (gogi) i lawr ein stryd, a honno ddim yn dod un diwrnod:

Dydd Iau, ichwi gael deall, yw diwrnod y 'gogi',
Sef yw hynny – trwy ddatblygiad ieithyddol
Anindoewropeaidd –
'Lorri',
Ac at hynny, yn y cyswllt hwn,
'Lorri ludw'.
Ychydig wedi wyth
Bydd meilôrd yn ystwyth
Gan orfoledd,
Yn ebychiadau llygadrwth
O edmygedd,
Yn llond còt o lawenydd.

Ac wele'r behemoth
Yn llywethau ei feteloedd
Wysg ei gefn
Yn treiglo, heb brysuro, drwy'r strydoedd
Ac yn agor dorau ofnadwy ei ben
Am gynnwys buniau,
Gan rygnu yng nghryfder ei wddf
Ac yng ngrym ei grombil.
Mwg a ddaw allan o'i ffroenau,
O blethiadau haearn ei ardderchowgrwydd.
O'i flaen y tywyllwch ymranna
A'r bore sy'n brysio i roi ei draed yn ei 'sgidia',
Ac wrth ei disian ef y tywynna goleuni:
Mewn gair, 'gogi'.

Ffon gyswllt ei forddwydydd wedi llacio?
Gêr y grymusterau'n 'cau cydio?
Echel ôl ei nerth wedi sigo?

Nage,
Pynctjiar wrth Woolwo'th
Ataliodd foreol rawd y behemoth
Un dydd Iau;
'Roedd ei absenoldeb dirfawr
Yn faich anhraethol hyd y stryd,
Ac i ddywededig berchennog y còt hefyd.

Yn wyneb dagrau a gweiddi
Nid un o'r pethau hawsaf ydi
Esbonio diffyg ar orymdaith y 'gogi',
Ac o flwydd a thrimis o ddiniweidrwydd
Trowyd arna' i guwch nad yw'n rhwydd
Imi mewn un modd ei ddehongli
Ond fel, 'Ble mae y blwming lorri?'

('Gogi', *Enw'r Gair*)

'Ble mae y blwming lorri?'

Rhodri, Ceredig a Heledd

Efallai y gwêl y rhai sy'n gyfarwydd â'u Beiblau fod yna adleisiau o Bennod 41 yn Llyfr Job mewn rhannau o'r gerdd hon.

A dyna'r tro hwnnw pan ddaeth Marc (y Dr Marc Edwards erbyn hyn) draw i'n tŷ ni i nôl Rhodri a Cheredig i fynd efo fo i bysgota – roedd eu hoedrannau nhw'n amrywio o tua phedair i chwech. Y mae'r Ahab, wrth gwrs, yn cyfeirio at y nofel *Moby Dick*, ac at ysfa hwnnw i hela'r morfil mawr, gwyn Moby Dick.

Ynom y mae rhyw Ahab:
Neu'n fwy manwl, yn rhai ohonom y mae –
Erlidiwr y pysgodyn mawr.
Yng nghefnforoedd y meddwl
Y mae Moby Dick ...

Y bore hwnnw yr oedd Marc
Wedi cydio mewn genwair,
Wedi ymwelingtoneiddio
A gadael ei dŷ a dod yma
I edrych a oedd un, neu ddau,
A ddeuai gydag o i bysgota.

Fel dyn o gwmpas ei bethau
Holais ynghylch yr helfa:
Ymhle yr oedd lle i bysgota
Yn y topiau yma?
'Fan'cw, tu ôl i'r ysgol.' ...

Gwelais yr arf – yr enwair o gorsen
A llinyn cry'
(Oblegid nid â rhyw bry'
O beth y bydd yn rhaid ymdrechu).
Holais am yr abwyd:
A dangoswyd imi, mewn pot jam,
Fel dirgel bethau, fel cyfrinion,
Ddwy ddeilen letus a chyrins duon ...

Sioc braidd inni oedd hi pan ddaeth
Y tri llencyn yn ôl
A llenwi'r stryd ag eangderau o forfil gwyn,
Mynyddfawr. Moby Dick
Yn Efrestu at ein drysau ffrynt

Nes na allem ni ddim dangos ein trwynau
diddychymyg
Gan jochiau anfesuradwy ei gnawd.
('Pysgotwyr', *Croesi Traeth*)

Pan oedd Heledd ni yn fabi bach, bach ac yn crio, byddai un ffordd sicir o'i chael hi i dawelu, sef ei rhoi hi mewn lle y gallai hi weld rhyw gyrtens llaes oedd gennym ni:

Heledd yn fabi a Ceredig, 1977

Yn chwech wythnos oed, fel y gŵyr y cyfarwydd,
Nid ydyw'n rhwydd dod o hyd i ddim yn y byd
Sydd hanner mor ogoneddus â
Chyrtens.

Syller ar eu sefydlogrwydd,
Eu lluniaidd berffeithrwydd;
Ymateber i'w ffurfiau llen-gar
A'u hofran llydan myfyrgar;
Ystyrier eu lliw – beth bynnag fo hynny –
O fyny i lawr, ac o'r llawr i fyny;
Ac nac anghofier eu cysylltiadau
Â'r pethau cyntaf, megis t'wllwch a golau:
Gwrthrychau ydynt yn wir yn union a arweinia
Y meddwl yn ddwys i fyfyrio ar Nirfana.

Ond os ydych chwi'n hŷn na'r oedran a nodwyd
A'ch bod wedi'ch marcio â threialon bywyd
Efallai, 'n anffodus, nad ydyw mor rhwydd
I chwi adnabod eu godidowgrwydd
Ac na chanfyddwch chwi ddim trwy hollbresennol sens
Ond defnydd yn hongian yn blaen, fel cyrtens.

('Cyrtens', *Enw'r Gair*)

Yn fy nhro, yr ydw i wedi sgrifennu ambell beth ar gyfer plant (nid plant bach, fel rheol), yn amlach na heb am i rywun ofyn imi. Mi gyfeiriaf at ambell un. Y gweithiau cyntaf oedd diweddariadau o hen chwedlau, sef *Y Mabinogi*, *Culhwch ac Olwen*, a *Chwedl Taliesin*. Yn y rhain i gyd yr oedd yna luniau gan Margaret Jones, ac fe baratowyd fersiynau Saesneg ohonynt hefyd trwy gydweithrediad Kevin Crossley-Holland. Yn dilyn hyn, fe ofynnodd gwasg y Lolfa imi ysgrifennu stori

Dafydd ap Gwilym, stori Madog, y Brenin Arthur, a Llywelyn ein Llyw Olaf, gyda lluniau gan Margaret Jones yn y rhain hefyd.

Yn un o gerddi mwyaf dwys y bardd mawr hwnnw, Dafydd ap Gwilym, y mae yna ddau air sy'n sôn am le a oedd unwaith yn llawn bywyd, ac sydd yn awr yn wag a digalon; y ddau air hynny ydi 'hafod oer'. Mewn ffuglen fe all rhywun ddychmygu ei bethau ei hun, ond gan led-afael mewn ffeithiau wrth ysgrifennu stwff 'hanesyddol'. Uwchben Dolgellau y mae yna Gwm Hafod Oer, a dydi hi ddim yn amhosib fod gan un o gariadon Dafydd gysylltiad â'r lle hwnnw. Y mae R. Geraint Gruffydd wedi awgrymu y gallai Dafydd fod wedi marw o ganlyniad i'r haint – y Pla Du – a ddaeth i Ewrop ynghanol y bedwaredd ganrif ar ddeg, canrif Dafydd. Mi fanteisiais i ar hynny.

Claddu corff marw Dafydd ap Gwilym, ond ei ysbryd mor fyw ag erioed – yn ôl Margaret Jones

Wrth imi ddod i ddiwedd stori Dafydd y mae o'n mynd trwy Gwm Hafod Oer, ac yn dod at hen dŷ lle y bu o'n llawen gynt. Y mae'r disgrifiad yn seiliedig ar gywyddau Dafydd, 'Yr Adfail' a 'Morfudd yn Hen':

> ... doedd yna ddim arwydd o unrhyw fywyd yno. Doedd dim mwg, ac felly doedd yna ddim tân. Doedd yna ddim anifeiliaid o gwmpas chwaith. Teimlodd fel pe bai crafanc oer yn gafael yn ei galon. Roedd y to'n rhacs, fel pe bai gwynt ffyrnig wedi ymosod arno, a'r waliau'n dyfiant gwyrdd drostynt. Roedd y drws yn hongian wrth un colyn, a'r ffenestri fel llygadau tywyll, dall.

Mae o'n penderfynu mynd adref am Frogynin, ac yn mynd i'r bwlch yn y mynyddoedd cyn dechrau mynd i lawr am Dal-y-llyn. Gan fod hwn yn gyfnod enbyd y Pla Du, mi gofiais am gyfnod enbyd arall, a theledïad yr oeddwn i wedi ei weld o Hitler, yn Kehlsteinhaus (Nyth yr Eryr), yr ydw i'n meddwl, ac un o'i warchodwyr personol yn gwneud sylwadau, wrth gofio'r achlysur – flynyddoedd yn ddiweddarach – fod pethau enbyd ar fin digwydd. Y mae'r disgrifiad nesaf wedi'i seilio ar ddisgrifiad y gwarchodwr hwnnw o'r awyr un noson:

> Sylwodd [Dafydd] fod yr awyr yn lliw rhyfedd iawn, yn glytiau o goch llidiog, llinellau sgrechlyd o wyrdd, darnau duon, a rhyw glefyd melyn yn lledu drwy'r cwbwl. Roedd fel pe bai poen y byd yr adeg honno i'w weld yn yr awyr.
>
> (*Stori Dafydd ap Gwilym*)

Y mae llyfrau am gymeriadau hanesyddol neu chwedlonol, fel y byddai rhywun yn disgwyl, wedi golygu cryn dipyn o waith paratoawl. Roedd y chwedl am Madog yn darganfod America wedi ei chwalu'n weddol derfynol gan Thomas Stephens yn ei draethawd eisteddfodol (1858), ond y mae'r chwedl yn un rhy dda i gael ei difetha gan wirioneddau hanesyddol – dyna pam, er enghraifft, y rhoddwyd 'The First White American' gyda theitl y cyfieithiad Saesneg o'r gwaith hwn. At yr hanes fe ychwanegais i fanylion am fordeithiau o'r Oesoedd Canol yr oeddwn i wedi darllen amdanynt, a hanesion ar sail honiadau am Madog yn America.

Y mae yna yn fy stori i, hefyd, ddigwyddiad cwbwl arbennig wedi ei seilio ar brofiad rhyfedd a gafodd cyfaill imi yn ei lety yn Lloegr gyda theulu o Gymry di-Gymraeg. Pan oedd o'n laslanc dyma fab y tŷ'n darganfod ei fod o'n seicig, yn gallu cysylltu â'r 'byd arall'. Roedd y tad yn awyddus i gysylltu â 'a famous Welshman'. Ac, yn wir, fe gysylltwyd â 'a famous Welshman' ar un achlysur, neb llai na Madog. Fe gafwyd gwybod fod yna le â'r enw Madog ger Porthmadog cyn bod sôn am Madocks, sef Ynys Fadog. Dyna pam y daru fy Madog i gychwyn ei daith o gyffiniau Porthmadog ac nid o'r Llandrillo-yn-Rhos traddodiadol. Fe ddaru'r ford lythrennau hefyd ddweud yn Saesneg sut y bu i Madog a'i griw fynd i'r Byd Newydd a llwyddo i beidio â llwgu ar y daith – 'We ate men'. Datgelwyd, hefyd, i Fadog farw trwy gael ei frathu gan neidr yn yr Everglades, a bod yna olion ohono fo a'i ddilynwyr yng nghyffiniau Tallahassee. Fe all gwybodaethau fel hyn fod o fudd mewn chwedl ffug-hanesyddol.

Dylid cofio fod Madog, mae'n debyg, yn ddyn go-iawn, o bosib yn fab i Owain Gwynedd yn niwedd y ddeuddegfed ganrif. Sut bynnag, dyna ydi o yn fy stori i. Ar ddechrau'r stori y mae un o'r enw Cadfan yn dod i lys Owain Gwynedd i ddweud am hynt ei fordaith o a'i forwyr, ac i sôn am 'raeadr ar erchwyn y byd' lle y gallai llongau ddisgyn drosodd – syniad a oedd yn bod unwaith. Y mae Madog, sydd, fel y gwelir, yn wyddonydd cyn-amserol, yn amau hyn:

> Roedd o [Madog] yn ŵr ifanc ugain oed, yn dal ac yn gryf, yn felyn ei wallt, yn olau ei groen a glas ei lygaid: yn wir, roedd golwg Sgandinafaidd braidd arno. 'Lol botas,' meddai. 'Tasech chi'n gofyn i mi does yna ddim rhaeadr, does yna

ddim erchwyn i'r byd. Mewn gwirionedd, rydw i'n credu fod y byd yn grwn. Rydw i wedi hwylio y tu hwnt i Iwerddon fwy nag unwaith a 'welais i ddim rhaeadr na dyfnjwn nac erchwyn y byd ...'

'Be!' gwaeddodd Crafanc [dewin y llys a lysenwid yn 'Idi Shi' am ei bod yn arfer ganddo ddweud 'Ddeudis i'] a Beuno [offeiriad] a gweddill y llys i gyd efo'i gilydd, 'Crwn!' A dechreuodd pawb chwerthin a gweiddi. A chlywyd geiriau fel, 'Lembo,' 'Jolpyn,' a 'Rwdlyn gwirion,' yn glir ynghanol y gweiddi hwnnw.

'Maddeuwch i mi, f'arglwydd,' meddai Crafanc, 'ond ddwedis i [idi shi] wrthych chi fwy nag unwaith am yr hogyn yma, bod eisio cadw golwg arno fo. Ddwedis i y tro hwnnw pan ddaeth o i'r llys yma – rydw i'n cofio'n glir – a dweud fod ei gyfaill, yr Eric yna o wledydd oerion y gogledd, wedi rhoi tamaid o haearn iddo fo ar gortyn, haearn oedd bob amser yn troi i ddangos lle'r oedd seren y gogledd. Fel 'tasai lwmp o haearn yn medru meddwl; fel 'tasai lwmp o haearn yn gallu gweld! Ddwedis i, on'd o, y buasai'n talu dysgu dipyn o'n gwyddoniaeth elfennol ni i'r hogyn yma. Byd crwn, wir!'

'Yma, f'arglwydd,' meddai Beuno, 'y mae'n rhaid imi gytuno efo Idi ... y dyn yma, Crafanc. Pa synnwyr fuasai yna mewn byd crwn? Sut y byddai pobol, ar eu pennau i lawr, ar waelod y byd crwn yma ddim yn disgyn i wagle? A phrun bynnag, hyd yn oed petai'r byd yn grwn mi allai pobol a llongau ddisgyn dros yr ochor yr un mor hawdd.'

'Ddim os oes yna ryw dynfa ynghanol y byd yn cadw pawb a phopeth yn sownd,' meddai Madog. 'Fuasai yna neb yn disgyn i unlle wedyn.'

Unwaith eto cafwyd, 'Be!' gan Crafanc a Beuno a gweddill y llys efo'i gilydd. A chlywyd ambell ymadrodd fel, 'Ddim hanner call,' 'Modfeddi'n brin o lathen,' 'Hogyn iawn, dw'-i ddim yn dweud, ond braidd yn wirion.'

'Gyda'ch caniatâd, f'arglwydd,' meddai Beuno, 'fe wna i gynnig hyfforddi'r hogyn yma yn y gwyddorau – mathemateg, seryddiaeth, ac ati i'w gadw fo ar y llwybrau iawn mewn bywyd.'

'Be wyddost ti am bethau felly!' chwyrnodd Crafanc. 'Ddwedis i o'r dechrau un am yr hogyn yma, fod eisio cadw golwg arno fo – fo a'i fyd crwn ...'

'Efo tynfa yn ei ganol! Mae'r hogyn yma'n hollol fagnetig 'taech chi'n gofyn i mi,' meddai Beuno.

Dyma'r tro cyntaf i'r gair 'magnetig' gael ei ddefnyddio yn y Gymraeg, a phe baem ni'n chwilio am air i gyfleu ei ystyr gyntaf o, 'boncyrs' fyddai hwnnw – gair a ddyfeisiwyd dipyn bach yn ddiweddarach.

(*Madog*)

Ar gyfer *Y Brenin Arthur* yr oedd yna bentwr o ddefnyddiau hanesyddol a chwedlonol, o Gymru i ddechrau, ac yna o amryw wledydd, oherwydd roedd ei stori'n un a ymledodd, yn y diwedd, dros ran helaeth o'r byd. Fe gofir, efallai, am y chwedl am yr Arthur clwyfedig yn gofyn i Bedwyr daflu ei gleddyf, Caledfwlch i'r môr (môr gen i, beth bynnag), ac i hwnnw fethu gwneud hyn ddwy waith cyn llwyddo ar y trydydd tro. Dyma ddiwedd y stori, lle y mae Bedwyr yn mynd ag Arthur i lan y môr:

> Cododd Bedwyr ei Frenin yn dyner a'i gynnal fel y cerddodd yn araf a phoenus i ben y gefnen. Edrychodd y ddau i lawr at y dŵr. Ychydig o'r lan yr oedd yna long deg iawn ac ynddi dair gwraig mewn gwisgoedd duon, llaes. Helpodd Bedwyr y Brenin Arthur i gerdded i lawr y gefnen. Wedi cyrraedd glan

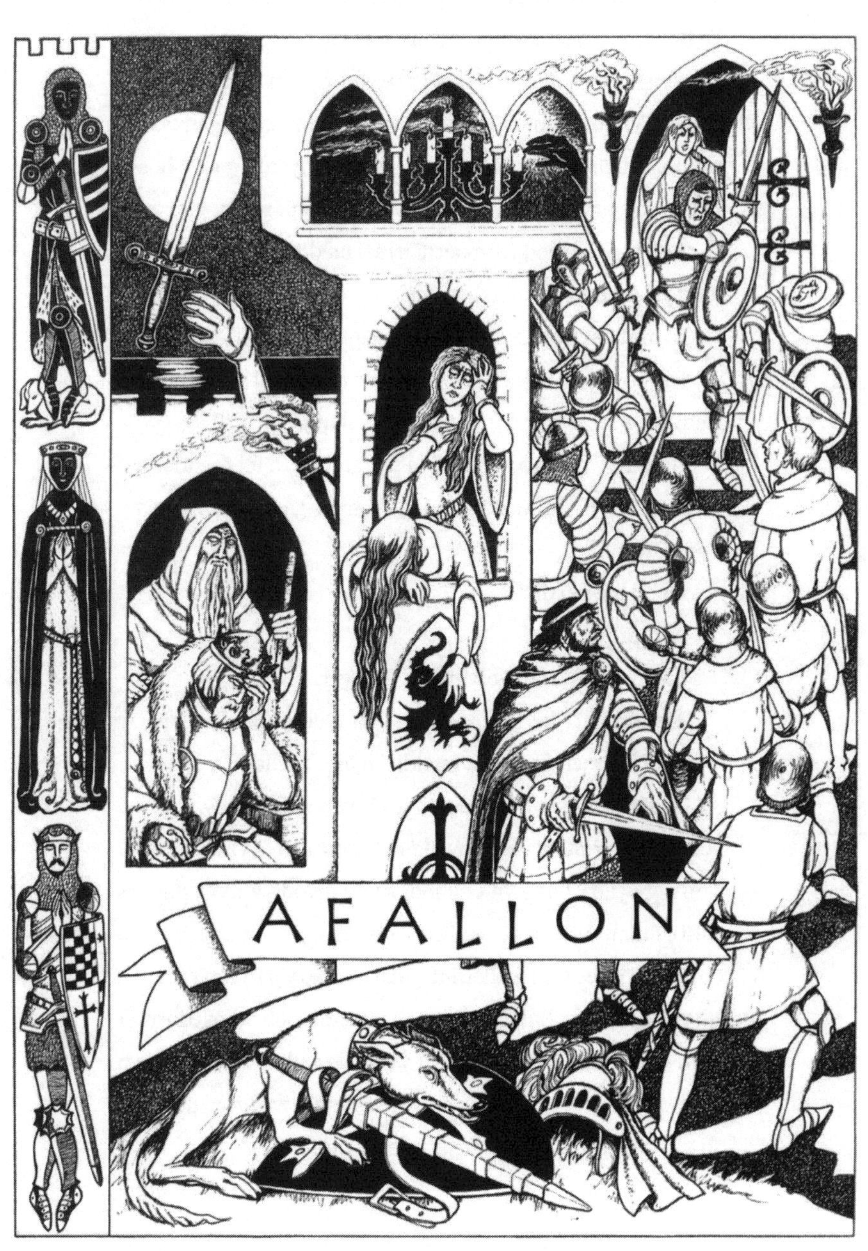

Afallon? Efallai.

y môr, dywedodd Arthur, 'I'r llong, Bedwyr ... helpa fi i fynd i'r llong.' Gwnaeth yntau hynny a derbyniodd y tair gwraig o'n dyner ac yn dawel, a'i roi i orwedd â'i ben ar obennydd o sidan. Tynnodd un o'r rhianedd y rhwymyn, coch gan waed, oddi am ben Arthur a chaeodd yntau ei lygaid gan y boen. Golchodd y rhiain ei glwyf, a'i rwymo â lliain gwyn, glân.

'Rwyt ti wedi bod yn yr oerni'n hir,' meddai un o'r rhianedd, 'ond yn Afallon fe wnei di wella.'

Yn araf bach dechreuodd y llong symud ohoni'i hun.

'F'arglwydd, be' ddaw ohonom ni hebot ti?' meddai Bedwyr, a safai yn y dŵr wrth ochr y llong.

'Gwna di dy orau i ddal i fod yn farchog ... fel roeddet ti'n farchog efo fi. Cadw gof amdana' i trwy gadw anrhydedd y Ford Gron.'

'Ond i ble'r ei di?'

'Afallon.'

'Lle mae Afallon?' gofynnodd Bedwyr.

'Afallon ydi'r lle i mi wella ... Pan fydd pobol Prydain, fy mhobol i, yn wir fy eisio i, mi ddo i'n ôl ... mi ddo i'n ôl ...'

Roedd y llong yn symud yn araf, gan adael Bedwyr ar ôl. A dyna'r geiriau olaf a glywodd o. Ciliodd yn ôl i'r lan a sefyll yno'n gwylio'r llong yn pellhau, ac yn mynd yn llai a llai nes iddi ddiflannu.

Daeth rhyw sŵn fel lleisiau galarus dros y dŵr am ychydig, ac yna peidiodd. Safodd Bedwyr yn hir, hir heb ddim i dorri ar y tawelwch ond llempian tyner y dŵr ac ambell bŵl o awel yn siffrwd yr hesg. Pan aeth oddi yno roedd y wawr yn dechrau lliwio tywyllwch y dwyrain â goleuni aur.

(*Y Brenin Arthur*)

Y pedwerydd llyfr a gomisiynodd gwasg y Lolfa fel stori o'r gorffennol oedd un am Lywelyn ein Llyw Olaf. Unwaith eto roedd gofyn ymchwilio mewn hen gofnodion a llyfrau, ond yr oeddwn i'n ffodus iawn fod campwaith J. Beverley Smith, *Llywelyn ap Gruffudd* ar gael gyda'i wybodaethau manwl. Ond nid 'hanes' ydi unrhyw 'stori' gen i: fe geisiais ddiffinio'r defnydd terfynol fel 'rhyw fath o ymyrraeth â'r gorffennol'. Fe ddylai gwybodaeth am Lywelyn ysbarduno teimladau selog o Gymreictod mewn Cymry heddiw – pa faint o selogrwydd felly a ysbardunodd y tywysog yn ei ddeiliaid cyffredin o daeogion yn ei amser ei hun sydd fater arall, heb sôn am rai o'i 'wŷr ei hun' hynny a'i bradychodd.

Y mae hanes yn ein cyrraedd ni yn ein presennol, ynghanol ein 'hanes' ni ein hunain, ac fe all y presennol hwnnw wneud inni weld y gorffennol mewn modd sy'n ymddangos yn briodol iawn i ni. Ar ôl i Lywelyn gael ei ladd, fe dorrwyd ei ben. Fe gafodd ei gorff ei gladdu yn Abaty Cwm-hir. Dyma sy'n digwydd i'r pen – y mae'r siarad sydd yn y 'stori' mewn print italig yn dynodi iaith y Saeson sydd yn gwatwar:

> Anfonwyd y pen i'r Brenin Edward yn Rhuddlan.
>
> '*Ie*,' meddai Edward, '*dyma'r dyn*.' Edrychodd arno'n hir. '*Mi ddweda i beth gewch chi ei wneud efo'r pen yma*,' meddai wedyn. '*Ewch â fo i Ynys Môn, ewch â fo at ein milwyr ni a welodd eu cyfeillion yn boddi yn y Fenai ychydig yn ôl. Maen' nhw'n haeddu mwynhau eu dial. Yna ewch â fo i Lundain*.'
>
> Anfonwyd y pen i Ynys Môn. Yno fe'i haddurnwyd o efo coron o ddail a rhoddwyd afal yn ei geg, o ran hwyl. Yna gwthiwyd polyn i'r pen i'w gwneud hi'n haws i'w gario fo o gwmpas. Aeth marchog ar gefn ei geffyl, gafael yn y polyn a'r pen arno a marchogaeth o gwmpas y gwersyll. Bloeddiai'r Saeson:

'Henffych well, Dywysog Cymru, henffych well.' Ymgrymai rhai a gweiddi,

'Mae Louellen yn ei deyrnas o'r diwedd.'

Yng nghyffiniau'r gwersyll safai rhai Cymry'n syllu ar ben eu tywysog yn cael ei gario fel hyn, a llenwid eu calonnau gan gynddaredd diymadferth.

'Mi roddwn i lawer am gael cleddau'r funud yma,' meddai gof oedd yno wrth y cwmni bach oedd efo fo.

'Mae'r unig un a allai fod wedi rhoi cleddau iti i ymladd yn erbyn y pethau yma wedi cael ei ladd,' meddai rhywun wrtho. 'Mi fydd hi'n galed iawn arnon ni rŵan heb ein llyw yn Aberffraw.'

Ar ôl i'r Saeson oedd ym Môn orffen cael hwyl anfonwyd y pen i Lundain. Gosodwyd o â'r polyn drwyddo, efo coron o eiddew arno ar y Tŵr Gwyn yno. O'i gwmpas yr oedd torf enfawr yn gweiddi ac yn chwerthin.

'*Pam y mae o'n gwisgo coron o iorwg*?' gofynnodd un o'r dorf. Clywodd un o'r milwyr oedd yn cadw golwg ar bethau y cwestiwn.

'*Mi ddweda i wrthyt ti*,' meddai'r milwr, '*mae beirdd y Cymry yma wedi bod yn sôn a phroffwydo y daw un ohonyn nhw i Lundain i gael ei goroni'n frenin Ynys Prydain rywbryd. Pam? Am eu bod nhw'n dweud mai nhw biau Prydain ac nad oes gennym ni ddim hawl arni hi! Wel, dyma fo eu brenin nhw!*'

Yna ffug ymgrymodd a dweud, '*Bydd fyw byth, O! Frenin Prydain.*'

A dechreuodd pawb o gwmpas chwerthin yn watwarus. Yna fe ddechreuodd y dorf lafarganu a siantio:

'Louellen dead,
Louellen dead,
Louellen dead, dead, dead.'

(*Llywelyn ein Llyw Olaf*)

15
DIWEDD

Oedrych yn ôl, y peth amlycaf, i mi, ynghylch y defnyddiau'r ydw i wedi cyfeirio atyn nhw ydi fy mod i wedi cael mwynhad yn eu cyfansoddi nhw – heb ystyried a oedd unrhyw un yn cael mwynhad o'u darllen neu eu gweld neu eu clywed nhw. Rhaid imi gyfaddef fy mod i'n meddwl fod yna'r fath beth ag 'awen' yn bod; o leiaf yn yr ystyr fod dyn yn cael rhyw hwb i ysgrifennu. Petai'n rhaid imi sôn am yr 'awen' fe ddywedwn i mai presenoldeb benywaidd ydi hi. A dyna ydi 'hi' yn draddodiadol: yn Gymraeg y mae gan y wrach-dduwies Ceridwen rywbeth i'w wneud ag ysbrydoliaeth, ac mewn mytholeg Roegaidd yr oedd yna naw Awen, a'r cwbwl ohonyn nhw'n ferched.

Yr hyn sy'n rhoi'r syniad gorau o'r awen i mi ydi 'Hanes Taliesin', sef y Taliesin chwedlonol, yr Arch-fardd fel petai. Nodwedd arbennig Taliesin oedd ei fod o'n gallu ei drawsffurfio ei hun yn hyn, llall ac arall; a dyna y mae'r awen yn ei wneud: os ydych chwi'n sôn am graig yr ydych chwi, mewn ffordd ryfedd, yn troi yn rhyw fath o graig, ac y mae'r ffurf honno'n tynnu ati hi ei hun eiriau priodol, rhai cyhyrog a garw. Os ydych chwi'n sôn am gath, yna rydych chwi'n bod yn rhyw fath o gath, a geirfa briodol i hynny sy'n cael eu tynnu at y gwrthrych.

Y mae pob llenyddiaeth wedi'i chyfansoddi o eiriau ac, yn fy marn i, y mwya'n y byd o eiriau sydd gennym ni, gorau'n y byd. Y mae hyn yn golygu lleibio i'r cyfansoddiad hynny a ellir o eiriau o lenyddiaeth Gymraeg, a gallu tynnu i'r Gymraeg eiriau a syniadau o lenyddiaethau eraill ac o fydoedd eraill; hyn ac, fel yr ydw i wedi pwysleisio, gwrando ar bob math o siarad Cymraeg. Bellach, yn dra anffodus, ychydig o gyfle sydd gan y genhedlaeth ifanc i wrando ar Gymraeg pobol a oedd, fwy neu lai, yn hanfodol uniaith, rhai o amrywiol gefndiroedd. Rydw i'n ystyried fy mod i wedi bod yn freintiedig iawn yn cael fy magu mewn cymdeithas felly.

Fe grybwyllais i'r gair 'mwynhad' uchod; y mae'n air annisgwyl efallai, yn enwedig gan y gall o gynnwys cyfansoddi pethau trist iawn ar brydiau – yn ogystal â phethau sy'n ymddangos, i mi, yn gomig. Hyn yr ydw i'n ei olygu: dechrau ar gyfansoddiad, a meddwl fod yna chwarter awr wedi mynd heibio, ac edrych ar y cloc, a sylweddoli fod yna bedair awr wedi pasio. I rywun yn sylwi ar y broses, o'r tu allan, fe all y cwbwl edrych yn eithriadol o lafurus, rhwng hyd yr amser i wneud y gwaith, a dod yn ôl ato a newid ac ailnewid. Ac y mae o'n llafurus, mewn ffordd; ond, mewn modd rhyfedd, dydi o ddim. Am 'wn i, math o ganolbwyntio eithriadol ydi'r cyfan.

Fe rof ddwy enghraifft o'r broses ar waith. Y mae'r enghraifft gyntaf yn un gomig – i mi – sef o gyfansoddi cerdd a ddaeth i gael yr enw 'Siglwyr Rhododendron' (*Symud y Lliwiau*). Am ryw reswm mi gofiais i, un tro, am ddigwyddiad go-iawn yn fy mhlentyndod pan oeddwn i a'm cyfaill Brian Morris wedi mynd i le a elwid yn Stesion Fain i siglo ar ganghennau rhododendron uwchben cors annymunol o fwd du. Roeddem yn sefyll ar un gangen ac yn gafael mewn cangen uwch, gan siglo i fyny ac i lawr. Ond fe ddaeth hogyn arall, o'r enw Cyril, i ymuno â ni yn y siglo. Fe dorrodd y gangen odanom, ac fe syrthiodd y tri ohonom, un ar ben y llall, i'r mwd adfydus du yma. Wrth i mi ysgrifennu'r gerdd – hir – hon, 'allwn i ddim peidio â chwerthin yn iawn. Yn enwedig pan gofiais sut y bu inni godi allan o'r mwd. Gyda llaw, mewn hen hysbysebion am ffilmiau fe enwid y ffilm, ac yna ychwanegu gair am yr actorion trwy ddweud 'Gyda hwn neu hon'.

… 'Ai crac a dorrodd drwy y cread?'
Oedd y myfyrdod byr o hanner eiliad
A aeth yn sydyn trwy fy mhen
Cyn bod sblash a sŵn o slwtj
Yn llempian danaf dan y pren.
Yn ddiatreg llemais i,
Yr uchaf un o'r cyfryw dri,
Yn glir o'r lle a sefyll yno ar y lan
Yn ddi-smotyn i estyn fy nghymorth i'r ddau greadur aflan,
Y ddau a oedd yn ymdrybaeddu
Yn y mwd gludiog, du, anghynnes
Y soniwyd eisoes amdano yn yr hanes.

A thynnais i fy nghyfaill Brian
Yn gyntaf allan o Gors John Bunyan.
Yr oedd o – mae hyn yn bader –
Yn llaid ar ei hyd at ei union hanner.
Hynny yw, roedd ei wyneb yn lân ond ei wegil yn gabẃtj anhygoel,
Roedd ei fol yn ddi-fefl ond ei gefn yn llanast o uwd du,
Blaen ei draed mor ddilychwin ag oedd yn arferol
Iddynt fod, ond ei sodlau'n dangos ôl digamsyniol
Ei gwymp i'r stwff tew, annymunol,
Lympiog, du yma'r ydw i wedi'i grybwyll deirgwaith.

Ond er hyn, yr oedd un a oedd yn waeth
Ei gyflwr na'm cyfaill Brian.
O'r dyfnderoedd wele Cyril yn dyrchafu
Fel ymgorfforiad o *The Mummy* (gyda Boris Karloff),
Neu'n rhagordeiniad o *The Creature from the Black Lagoon*.
Yma ymadawaf â thraethu cymharol:
Digon yw dwedyd y byddai ef
Yn hollol gartrefol mewn unrhyw hunllef …

'Nhad efo'r plant

Y mae yna un enghraifft o gyfansoddi cerdd lle'r oedd yna dristwch llethol. Roedd fy nhad wedi cael llawdriniaeth yn Ysbyty Gwynedd, ond ddim yn gwella fel y dylai. Ar ôl cyfnod o wythnosau yno fe gafodd strôc a chael ei roi mewn ystafell ar ei ben ei hun. Byddwn yn treulio oriau gydag o, yn enwedig yn y nos pan oedd o'n gwaelu, gwaelu, ond gan gael gofal trugarog a thyner gan y nyrsys a'r meddygon: dyna'r Gwasanaeth Iechyd ar ei orau. Yna bu farw. Un peth yr ydw i'n ei gofio'n iawn: roedd un o'i fysedd yn grwca; 'allai o mo'i sythu yn ystod deng mlynedd olaf ei fywyd, ond wedi iddo farw, roedd y bys wedi sythu. Dyma'r gerdd, 'Diwedd', a ddaeth imi yn ystod cystudd olaf fy nhad: yn y rhan gyntaf y mae o fel pe bai'n llefaru – pan nad oedd o'n gallu llefaru:

Y mae'n hwyr a minnau'n hen,
Y mae'n oer, y mae'n hir y gefnen
Gerllaw y ddu, aflawen
Ryd lle daw bywyd i ben.

Roeddwn i'n meddwl fod y gerdd wedi ei gorffen, ond mynnai geiriau Iesu Grist, 'Yn nhŷ fy Nhad y mae llawer o drigfannau', wthio i fy mhen i'n barhaus a chyndyn, a bu'n rhaid imi ychwanegu, wedyn, at yr hyn oedd wedi ei ysgrifennu:

Yn y rhyd dywyll, drom, yn iasau cysgod angau
Daeth – o'r tu draw i wêr cnawdoliaeth –
Gryndod tyner, syndod fflam ychydig eiriau:
'Yn nhŷ fy Nhad y mae
Llawer o drigfannau.'

('Diwedd', *Darllen y Meini*)

Y mae'r geiriau'n ein sicrhau fod yna le i fyw, mewn rhyw fodd; y mae yna ystad lle y mae'r Atgyfodiad ar waith, mewn rhyw fodd: dyma, o bosib, y ddelwedd architeipaidd ddyfnaf un. Yr ydw i wedi meddwl erioed fod y geiriau hyn yn rhai o wir gysur i ni sydd, yng ngeiriau Llyfr Genesis, yn 'wibiaid a chrwydriaid' dros dro ar wyneb y ddaear yma, yn rhai sy'n pasio heibio. Ond does yna ddim cysur hen ddoethineb yn y geiriau hyn i bawb. Syndod mawr iawn i mi oedd gweld beth oedd gan Saunders Lewis, yn ei gerdd ysgytwol 'Gweddi'r Terfyn', i'w ddweud am y geiriau uchod:

Mor druan yw dyn, mor faban ei ddychymyg;
'Yn nhŷ fy Nhad y mae llawer o drigfannau',
Cyn dloted â ninnau, yr un mor gyfyng
Oedd ei athrylith yntau ddyddiau yr ymwacâd.

(*Cerddi Saunders Lewis*, gol. R. Geraint Gruffydd,
Gwasg Gregynog, 1986)

Ni theimlais i erioed fod y geiriau sylfaenol a chysurlon hyn yn druenus, babanaidd, tlawd na chyfyng o gwbwl.

Beth nesaf? Y mae pawb sy'n ysgrifennu yn Gymraeg, am 'wn i, nid yn unig yn sylweddoli fod gan ei gynnyrch bob siawns o ddiflannu, fel y mae pob siawns i weithiau mewn ieithoedd eraill ddiflannu. Ond i'r ysgrifennwr Cymraeg y mae'r bygythiad parhaus, bellach, fod y gwaith ac, yn bwysicach, gyfrwng y gwaith hwnnw yn mynd i beidio â bod. Y mae diwedd yr iaith yn fater o boen i bob Cymro a Chymraes pybyr, y rheini sy'n gorfod brwydro neu winjan yn dragwyddol yn erbyn dihidrwydd ac aneffeithiolrwydd nifer sylweddol o'r 'gwasanaethyddion' sydd mewn gwasanaethau sydd i fod ar gael yn Gymraeg. Mudandod ydi'r bwgan mawr; neu led-fudandod, fel y dywedodd Alun Llywelyn-Williams yn ei gerdd 'Y Dewis', lle y mae'n honni nad ar wefusau un o werinwyr Môn y daw'r iaith i ben ond:

> ... mewn ystafell ddifrif, ddof,
> lle pletia'r 'ffeiriad ei ŵn du
> wrth draethu'n gynnil ac yn goeth
> am gystrawennau'r iaith a fu.
>
> (*Y Golau yn y Gwyll*, Gwasg Gee, 1979)

Hynny ydi, fe ddiwedda'r iaith fel pwnc academaidd – dan ryw deitl fel 'Celtic Studies (in translation)', m'wn.

O'm rhan fy hun – er fy mod i'n gwybod o'r gorau am y peryg i'r iaith – wrth gyfansoddi, y mae holl gyfoeth y Gymraeg, sydd yn fy meddiant i, yn bod ac i'w ddefnyddio. Nid mater o ddewis, ond mater o raid ydi fy mod i'n ymagweddu fel pe bai'r Gymraeg yn bod yn ei chryfder a'i disgleirdeb o hyd. Ac fe fyddai felly hyd yn oed pe na bai un darllenydd ar ôl. Un peth arall: nid ar gyfer y pynciau disgwyliedig, traddodiadol, ac arferol yn unig y mae barddoniaeth yn bod – fe all hi ymdopi ag unrhyw bwnc. Efallai mai prif ddefnydd y dyddiau diweddar ydi pynciau sy'n codi o fywydau pobol gyffredin, a'r pethau bychain yn eu bywydau a all fod o dragwyddol bwys.

Mi ddechreuais i yn ardal y Blaenau, ac mi orffennaf yno, gyda thipyn o gysur. Y mae yna nifer o bobol ifainc hyderus a gweithgar yn y fro o hyd (Blaenau Ymlaen), a chyda'r llun yma o golofnau newydd, cadarn a chadarnhaol ynghanol y Blaenau yr ydw i am orffen. Y mae'r colofnau hyn a grëwyd o lechi, gyda geiriau Cymraeg arnyn nhw, yn fynegiant cyhyrog ein bod ni 'yma o hyd'.

Colofnau mawreddog o lechi ger Sgwâr Diffwys, Blaenau Ffestiniog

Detholiad o gyhoeddiadau

Barddoniaeth

Chwerwder yn y Ffynhonnau (Gwasg Gee, 1962)

Y Weledigaeth Haearn (Gwasg Gee, 1965)

Ysgyrion Gwaed (Gwasg Gee, 1967)

Enw'r Gair (Gwasg Gee, 1972)

Y Pethau Diwethaf a Phethau Eraill (Gwasg Gee,1975)

Cadwynau yn y Meddwl (Gwasg Gee, 1976)

Croesi Traeth (Gwasg Gee, 1978)

Symud y Lliwiau (Gwasg Gee, 1981)

Wmgawa (Gwasg Gee, 1984)

Am Ryw Hyd (Gwasg Gee, 1986)

Gweddnewidio: Detholiad o Gerddi 1962–1986 (Gwasg Gee, 2000)

Gwelaf Afon (Gwasg Gee, 1989)

Anifeiliaid y Maes Hefyd, lluniau gan Ted Breeze Jones (Gwasg Dwyfor,1993)

Darllen y Meini (Gwasg Gee, 1998)

Yli, lluniau gan Ted Breeze Jones (Gwasg Dwyfor, 2003)

Apocalups Yfory (Cyhoeddiadau Barddas, 2005)

Teyrnas y Tywyllwch (Cyhoeddiadau Barddas, 2007)

Blaenau Ffestiniog, lluniau gan Jeremy Moore (Gwasg Gomer, 2007)

Murmuron Tragwyddoldeb a Chwningod Tjioclet (Cyhoeddiadau Barddas, 2010)

Ani-feil-aidd, lluniau gan Jac Jones (Gwasg Gomer, 2011)

Profiadau Inter Galactig (Cyhoeddiadau Barddas, 2013)

Drama a Rhyddiaith

Lliw'r Delyn (Gwasg y Moresg, 1969)

Diwéddgan – Samuel Beckett, cyfieithiad (Gwasg Prifysgol Cymru, 1969)

Amser Dyn (Gwasg Gee, 1972)

Y Mabinogi (Gwasg Prifysgol Cymru, 1984)

Culhwch ac Olwen (Gwasg Prifysgol Cymru, 1988)

Chwedl Taliesin (Gwasg Prifysgol Cymru, 1992)

Y Dymestl – William Shakespeare, cyfieithiad (Gwasg Gee, 1996)

Breuddwyd Nos Ŵyl Ifan – William Shakespeare, cyfieithiad (CBAC, 2002)

Sawl Math o Gath, lluniau gan Jac Jones (Gwasg Carreg Gwalch, 2002)

Stori Dafydd ap Gwilym (Y Lolfa, 2003)

Madog (Y Lolfa, 2005)

Y Brenin Arthur (Y Lolfa, 2006)

Bronco (Cyhoeddiadau Barddas, 2008)

Drychiolaethau (Gwasg y Bwthyn, 2009)

Llywelyn ein Llyw Olaf (Y Lolfa, 2009)

Dafydd ap Gwilym: y gŵr sydd yn ei gerddi (Cyhoeddiadau Barddas, 2013)

ERAILL

Culhwch ac Olwen, gyda William Mathias (Gwasg Prifysgol Cymru, 1971)

Cydnabyddiaethau Lluniau

Gyda diolch i Wasg Gwynedd am rai o'r lluniau a atgynhyrchwyd o *Bywyd Bach*, gwasg Y Lolfa am gael atgynhyrchu lluniau Margaret Jones o *Dafydd ap Gwilym* ac *Arthur*, Gwasg Carreg Gwalch am gael atgynhyrchu clawr *Sawl Math o Gath* a Gwasg Gomer am gael atgynhyrchu gwaith Jac Jones. Gwnaed pob ymdrech i gydnabod a chysylltu â pherchnogion hawlfraint y ffotograffau yn y llyfr hwn.

'Cwmorthin', Emyr Jones 19

©Imperial War Museum 67, 68, 71

'John Gwilym Jones', Casgliad Julian Sheppard,
©Llyfrgell Genedlaethol Cymru 85

'John Meirion Morris', Llinos Lanini 118

'Lleu', Marian Delyth 118

'Pietà', Llinos Lanini 121

'Gwyn Thomas' (penddelw) gan John Meirion Morris,
©Llyfrgell Genedlaethol Cymru 122

'Pinocchio' ©Walt Disney Productions 128

'Maleficent' ©Walt Disney Productions, 132

'Shane' (Alan Ladd), ©John Springer / CORBIS 135

'Mirain Haf', Dylan Rowlands 80

'Ted Breeze Jones', Casgliad Julian Sheppard
©Llyfrgell Genedlaethol Cymru 159

'Chwadan', ©Jac Jones 167

'Meredydd Evans', Casgliad Julian Sheppard
©Llyfrgell Genedlaethol Cymru 173

Mynegai

Mae * yn cyfeirio at luniau. Rhestrir teitlau gweithiau llenyddol dan enw'r awdur perthnasol. Rhestrir ffilmiau dan y teitl.

Aaron, William 57, 104*
Aneirin, *Gododdin* 133
ap Gwynn, Iolo 181
ap Thomas, Dafydd 69
Auden, W. H. 104–05

Bangor
  Coleg y Brifysgol 55, 83, 93, 107, 165, 169, 177
  Cymdeithas y Ddrama Gymraeg 84
  tiwtoriaid a myfyrwyr (1963–4) 85*
  gweler hefyd Eisteddfod Genedlaethol Cymru
Batman, ffilm 132–3
Beckett, Samuel 83, 92, 95
  Diwéddgan 91–2
Belsen 67*, 68*, 71*
Benar View 37, 63
  hen olygfa o'i leoliad 39*
  wrth y cwt glo 38*
Bergman, Ingmar 136
Bevan, Hugh 98
Blaenau Ffestiniog 7–16, 20, 33, 35, 37, 39, 84, 110, 125
  colofnau llechi ger Sgwâr Diffwys 207*
Bohr, Niels 64
Brando, Marlon 136, 137
Brown, Gordon 14
Bwrdd Ffilmiau Cymraeg 57
'Byd Natur', cyfres deledu 158

Cameron, David 14
Canu Llywarch Hen 117
capeli 20, 185
  Carmel 23*, 35*
  Jeriwsalem 37, 39, 40*
  Tabernacl 170
Carson, Rachel, *Silent Spring* 45, 47
Celtiaid, celfyddyd 119–20
Cernunnos 59*
Charles, R. Alun 124
Cobb, Lee J. 137
Coleg Iesu, myfyrwyr newydd (1959) 106*
Cressey, Brychan 184*
Cressey, Heledd 183, 184, 188*, 190*, 204*
Cressey, Iolo 184*, 185
Cressey, Simon 184
Cressey, Ynyr 184*
Crossley-Holland, Kevin 191
Cwmorthin 17–19*
'Cwmorthin', *Y Weledigaeth Haearn* 18
Cymdeithas Dafydd ap Gwilym 103, 104*
Cymdeithas Gelfyddydau Gogledd Cymru 57
Cymraeg yn y Cwricwlwm Cenedalethol (1988) 124
Cynfal Fawr, ger Ffestiniog 109*

chwareli a chwarelwyr 9–13, 17, 20
  Chwarel yr Oclis 10*
  chwarelwyr wrth eu gwaith 11*

Dances with Wolves, ffilm (1990) 134
Daniel, John 104*
Dante, *Divina Commedia* 98
Davies, Cecil 30–2
Davies, Emily 85
Davies, Emlyn 180
Davies, Geraint Talfan 79*
Davies, Gwyneth 45
Davies, Huw 83, 84
Davies, Jason Walford 158*
Davies, John Meirion 94
Davies, Mair 23*
Davies, Merfyn 38*
Davies, Rees 104*
Davies, Walford 104*
Dillon, Geoffrey 66
Dim Byd, rhaglen deledu 147

Dostoiefsci, *Y Brodyr Karamazov* 128
Draciwla 138
Duchamp, Marcel 119
Duval, Paul-Marie 118

Edward H. Dafis 127
Edwards, Dr Marc 188
Edwards, Meirion 8, 104*
Edwards, Rebecca 95*
Eisteddfod Genedlaethol Cymru
  Bala, y (1967) 169
  Bangor (1971) 91
  Bangor (2005) 112, 147
  Cricieth (1975) 85
  Fflint (1969) 84
  Llanelli (1956) 98
  Wrecsam a'r Cylch (1977) 98
Eliot, T. S., *Four Quartets* 28
Empire, yr (Yr Emp), sinema 125
Erfyl, Gwyn 180
Evans, yr Athro Ellis 117
Evans, Ellis Humphrey (Hedd Wyn) 23, 25
Evans, Gwynfor 181–2
Evans, Meredydd 17, 98, 147, 174*
  'Mae Gen i Freuddwyd' 172–3
Evans, Palmer 65
Evans, Robin 65
Evans-Williams, Arthur 20, 45, 48*, 49, 125

Flash Gordon, ffilm 132
Fôn, Bryn 81
Ford, John 180
Forecast a'r Dyfodol 94
Forum, y, sinema 65, 76, 125
Foster, yr Athro Idris 104*

Ffenics 95
ffilmiau cowbois 126, 133–6

Garfield, Leon 79*
Garlick, Raymond 33
Gilbert, Martin, *The Holocaust* 69
Gododdin 133
Goons, The 147
Grace, Chris 79*
Griffith, Gwyn Cadnant 163
Griffiths, Bruce 26–7, 51, 104*
Gruffydd, Kenneth 48*, 125
Gruffydd, R. Geraint 111*, 192
Gruffydd, Robin 55
Gwynn, Eirwen 8

Haf, Mirain, yn *Breuddwyd Nos Ŵyl Ifan* 80*
'Hanes Taliesin' 201
Harris, Trevor 75
Hedd Wyn *gweler* Evans, Ellis Humphrey
Hefin, John 180
High Noon, ffilm (1952) 134
Hill, Susan, *The Woman in Black* 53
Hitler, Adolf 43, 69, 178–9, 193
Homer, *Iliad* 133
Hughes, Edith 61, 63
Hughes, Jini 10, 26, 61, 62*, 63
Hughes, Llew 10
Humphreys, Emyr 111*

Ifan, Robert 66
Ionesco, Eugène 83

James, Clive 185
James, Henry, *The Turn of the Screw* 51
James, M. R. 51–2
  'Chwibiana Di, Dof Finnau Atat' 52–3, 61
Jarvis, Branwen 158*
Jones, Aled 78, 81
Jones, Alun Ffred 86*
Jones, Bedwyr Lewis 111*, 119
Jones, Dafydd Glyn 158*
Jones, David Richard 26
Jones, Derwyn 165–6
Jones, Dewi, Benllech 160
Jones, Dyfed Glyn 180
Jones, Elen 95*
Jones, Elizabeth (nain Gwyn Thomas) 22*
Jones, Ellen Roger 84
Jones, Eric 181
Jones, Frank Price 88
Jones, Gareth Wyn 47
Jones, Geraint Stanley 94, 95*, 148, 177, 178*
Jones, Geraint Wyn 33
Jones, Harri Owain 95*
Jones, J. O. 57
Jones, J. S. 169
Jones, J. T. 81

Jac Jones 163-4, 166*, 167-8
Jones, John, y gof (taid Gwyn Thomas) 21, 22*, 23, 25, 48*
Hen Feibl teuluol 25*, 27–8
Jones, John Clifford 57
Jones, John Elfyn 38*
Jones, John Gwilym 81, 84, 85*, 98, 104, 107, 111*
Jones, John Idris 94
Jones, John Pierce 81
Jones, Lyn 78
Jones, Margaret 191–2
Jones, Mary Elen (Anti Mary) 49–50*
Jones, Olwen 95*
Jones, R. Tudur 95, 160
Jones, Sali (Anti Sali) 23*, 49*
Jones, Ted Breeze 157–60, 159*
Jung, Carl Gustav 107–08, 110
Atgofion, Breuddwydion, Myfyrdodau 63–4
Jungle Book, The (1967) 132

Kazan, Elia 136–7
Kilfoil, Geoffrey 104*
King, Martin Luther 147–50, 172–3

Ladd, Alan 135*
Lawson, Jimmy 66
Lewis, Geraint 172
Lewis, Rhiain 48*
Lewis, Saunders, 'Gweddi'r Terfyn' 205–06
Lewis, William R. 158*, 175–6, 182
Lintern, Kenneth 104*
Lion King, The (1994) 132
Little Big Man, ffilm (1970) 134
Lloyd, Hywel 104*
Lloyd George, drama gyfres 180
Lorenz, Konrad 16
Lugosi, Bela 138

'Lleu' 118*
Lloegryddiaeth 13–14
Llwyd, Huw 109
Llwyd, Iwan 113
Llwyd, Morgan 67, 109
Llywarch Hen 117
Llywelyn, Wil 25
Llywelyn-Williams, Alun, 'Y Dewis' 206

Mabinogi, Y 108–09, 132, 191
Malden, Karl 137
Mathias, William 169, 170, 171*
Miarczynska, Siân 86*
Milton, John, *Paradise Lost* 99
Mitchum, Robert 180
Mitford, Gareth 112
Morgan, Gerald 104*, 106*
Morgan, Prys 104*
Morris, Arthur O. 75
Morris, Brian 202
Morris, Dylan 120
Morris, Gwawr 120
Morris, John Meirion 118*–19, 120, 123–4
'Lleu' 118*
penddelw o Gwyn Thomas 122*
Pietà 120, 121*
Y Weledigaeth Geltaidd 119
Morris-Jones, John 166

Nyth y Gigfran 9

Ogwen, John 79
On Deadly Ground, ffilm (1994) 141–2
On the Waterfront, ffilm (1954) 136–7
Ormond, John 180
Outlaw Josey Wales, The, ffilm (1976) 134
Owain Gwynedd 194
Owen, Gerallt Lloyd 15
Owen, Goronwy 184
Owen, Goronwy Prys 95*
Owen, Robin Lloyd 115

Park, y, sinema 125–6*
Parry, Emrys 124
Parry, Enid 88
Parry, Gwenlyn 180
Parry, R. Williams 48, 96, 104
'Englynion Coffa Hedd Wyn' 76
Parry, Thomas 165
Phillips, Dewi Z. 104*
Pietà, John Meirion Morris 120, 121*
Pinocchio (1940) 127, 128*
Pleming, Katie 169, 170
Pobol y Cwm 180
Polanski, Roman 44*
Povey, Meic 84
Powys, Nia 94
Price, Gareth 180
Pritchard, William Huw 104*

Quevedo, *Los Sueños* 98–9

Rees, Alwyn D., *Celtic Heritage* 107
Rees, Brinley 107, 111*
Richards, yr Athro Melville 69, 111*
Roberts, Cefin 79, 81
Roberts, Enid Pierce 111
Roberts, J. O. 8
Roberts, Kate 33
  Tegwch y Bore 114
Roberts, Owen 104*, 177
Roberts, William John 10, 15*
Roberts, Syr Wyn 124
Robin Hood (1973) 132
Ross, Anne 57, 59, 60
Rowlands, Catrin 170
Rowlands, John 170
Rowlands, Myra 95*

Rhyfel Byd II (1939–45) 43, 65–74, 136, 142, 178–80
Rhys, Dulais 98

Seagal, Steven 141–2
Seithfed Sêl, Y, ffilm (1957) 136
Shakespeare, William 53, 92
  Breuddwyd Nos Ŵyl Ifan 79, 80–1
  Cymbeline 75
  Y Dymestl 76–8
  Hamlet 76, 81
  Macbeth 44, 68, 81–3
Shane, ffilm (1953) 134–6
Shootist, The, ffilm (1976) 134
Sleeping Beauty 132*
Smith, J. Beverley, *Llywelyn ap Gruffudd* 199
Snow White and the Seven Dwarfs (1937) 127, 132
Sodlau Segur, Y *gweler* Jones, R. Tudur
Soldier Blue, ffilm (1970) 134
Stagecoach, ffilm (1939) 134
Stallone, Sylvester 133
Star Wars, ffilm 134
Steiger, Rod 137
Stevens, George 136
Swift, Jonathan
  Gulliver's Travels 99
  Modest Proposal for Preventing the Children of Poor People in Ireland from being a Burden ... 99

Tanygrisiau 7, 15, 16, 17, 24, 37, 43–50
Thomas, Arthur Cooke 10, 23*
Thomas, Cai 184*
Thomas, Ceredig 115, 183, 184, 188*, 190*, 204*
Thomas, Cerys 55, 184*
Thomas, Dafydd Elis 88, 89, 120
Thomas, Edward Christmas (tad Gwyn Thomas) 10, 23*, 27*, 31*, 204*
  gwyliau ym Mhwllheli 49*
Thomas, Eluned (mam Gwyn Thomas) 21, 23*, 31*, 48*
  gwyliau ym Mhwllheli 49*
  marwolaeth 31
Thomas, Gruffudd 184*
Thomas, Gwyn 8*, 24*, 36*, 82*, 208*
  a cherddoriaeth 169–76
  a chrefydd 20, 21, 27–30, 35, 37, 39–42, 67–8
  a ffilmiau 125–56
  a natur 157–68
  a straeon ysbryd 49, 51–64
  a'r amgylchfyd 45–6
  a'r BBC 177–82
  a'r byd addysg 93–106
  a'r ddrama 75–92
  a'r Gymraeg 13, 33, 206–07
  aelwyd ei blentyndod 21–34
  Amser Dyn 84–91
  Ani-feil-aidd 167*–8
  Anifeiliaid y Maes Hefyd 160
  'Aparatws Distryw', *Teyrnas y Tywyllwch* 70
  'Arwr, U.D.A.', *Bronco* 142–4
  athro ysgol 78
  'Auden yn Hen', *Wmgawa* 106
  Bardd Cenedlaethol Cymru 65
  Bardd Cwsg a'i Gefndir, Y 99
  1 Benar View, wrth y cwt glo 38*
  'Blaenau', *Ysgyrion Gwaed* 7–9, 11–12, 16, 37, 39, 84
  Brenin Arthur, Y 192, 196–8, 197*
  Breuddwyd Nos Ŵyl Ifan 79, 80–1
  bro ei febyd 7–20
  Bronco 99–103, 128–31, 138–40, 142–4
  'Bryn Celli Ddu', *Ysgyrion Gwaed* 34
  Bywyd Bach (hunangofiant) 107
  'Cadwynau yn y Meddwl', *Cadwynau yn y Meddwl* 147–50, 172
  'Cecil', *Darllen y Meini* 32

'Cofio'r Dafydd' 105
'Crëyr', *Anifeiliaid y Maes Hefyd* 161
criw y Shakespeare Animeiddiedig 79*
'Culhwch ac Olwen', addasiad radio 81
Culhwch ac Olwen, ar gyfer plant 144, 145*, 146, 191
Culhwch ac Olwen, libreto 169, 170–1
'Culhwch ac Olwen', opera i'r gymuned 172
'Cwmorthin', *Y Weledigaeth Haearn* 18
'Cwmwl o Dystion' 29–30, 45–6
'Cwtieir', *Anifeiliaid y Maes Hefyd* 160–1
'Y Cyfamod', *Teyrnas y Tywyllwch* 74
Cymdeithas Dafydd ap Gwilym 105*
'Cymylau Gwynion', *Croesi Traeth* 112–13
'Cyrtens', *Enw'r Gair* 191
'Cysgodion', *Cadwynau yn y Meddwl* 150–5
cystadlu yn yr Eisteddfod Genedlaethol 98, 147
Chwedl Taliesin 191
'Dacw Alarch', *Yli* 162
'Damwain', *Ysgyrion Gwaed* 111–12
darlithio ym Mangor 55, 84, 169
'Dau Gyw Tylluan', *Yli* 162–3
'Diwedd', *Darllen y Meini* 204–05
'Diwrnod Tynnu'r Rhaff i Lawr', *Am Ryw Hyd* 116
'Drama'r Nadolig' 163
Drychiolaethau 53–4, 55*, 56–7, 59–60
dylanwad y Beibl arno 27–30
Dymestl, Y 77–8
Ddrama yn Ewrop, Y (cyfres) 91
ei blant 183–200
ei briodas 183*
'Ellis Wynne o'r Lasynys' (traethawd MA) 98–9
'Ffrancenstein Taliesin Ifas' 99–103, 128–31
'Geiriau', *Am Ryw Hyd* 113
'Gogi', *Enw'r Gair* 186–7
gwyliau ym Mhwllheli 49*
gyda'i dad ym Mae Colwyn 27*
gyda'i rieni (1946) 31*
'Hanfodol', *Darllen y Meini* 93, 94
'Jim', stori 95–8
John Meirion Morris, Artist 120, 123–4
llechi, yn gartrefol ynghanol 8*
'Llestri Pridd', *Y Traethodydd* 42
'Lliw'r Delyn' 83–4
'Llunyddiaeth y Bobl' 177
Llywelyn ein Llyw Olaf 192, 199–200
Mabinogi, Y 191
Macbeth 81–3
Madog 192, 193–6
'Marwnad fy Nghefnder', *Y Pethau Diwethaf a Phethau Eraill* 47–8
'Milwyr' 174–6
myfyriwr 93, 95*
mythau a symbolau 107–24
'Niwl', *Am Ryw Hyd* 114–15
O'r Ddaear Hen (ffilm) 57–9, 58*
penddelw ohono gan John Meirion Morris 122*
'Plant Dioddefaint', *Teyrnas y Tywyllwch* 71–4
portread 208*
'Pysgotwyr', *Croesi Traeth* 189–90
Rhisiart III 79
Sawl Math o Gath 163, 164*
'Sbaeneg Pàrk Sinema', *Wmgawa* 126
'Shakespeare Animeiddiedig' 53, 78–9
'Siglwyr Rhododendron', *Symud y Lliwiau* 202, 203
'Soffas', *Profiadau Inter Galactig* 156
staff Adran y Gymraeg 111*, 158*
Stori Dafydd ap Gwilym 192*–3
Tanygrisiau, yn fabi 24*
tiwtoriaid a myfyrwyr Neuadd Reichel, Bangor 85*
'Wat (M.C.)', stori 95
'Wynston Draciwla Dêfis', stori 138–40
Yli 160
'Yma y Mae fy Lle', *Apocalups Yfory* 16–17
ymweld â Tjeina 165
Thomas, Jane 62*
Thomas, Jennifer 165, 183*
Thomas, Marian 95*
Thomas, Owen Cooke 26*
Thomas, Percy 63
Thomas, R. S. 30
Thomas, Roy 104*
Thomas, Rhodri 47, 183, 185, 188*, 204*
Thomas, Sharon 184
Tŷ Newydd 15–16

Under Siege, ffilm (1992) 141*
Under Siege 2, ffilm (1995) 141*
Unforgiven, ffilm (1992) 134

Vergil, *Aeneid* 98
Vidal, Gore 92
von Freytag-Loringhoven, Else 119

Watkin, John 180
Wells, Stanley 53, 79*
Wiliams, Gerwyn 158*
Williams, Brynmor 180
Williams, Charles 8
Williams, David 48–9
Williams, Gracie 47
Williams, Gruffydd Aled 158*
Williams, Gwyneth 158*
Williams, J. E. Caerwyn 98
Williams, John E. (John y Foel) 43, 48*
Williams, John Emrys 95*
Williams, John Richard 47, 48*
Williams, John Tudno 104*
Williams, Llion 57
Williams, Mervyn 180
Williams, Michael, 'A Hole in Wales' 94–5
Williams, Rhiannon 95*
Williams, Tennessee 92
Williams, Waldo 32
Williams, William Emrys 23*, 43–5, 44*, 47–8
Williams, Winni (Anti Winni) 43, 48*
Willis, Bruce 133
Wilson, Barbara 124
Wynne, Ellis, *Gweledigaethau y Bardd Cwsg* (1703) 98